팔레스타인을 걷다

IVP(InterVarsity Press)는
캠퍼스와 세상 속의 하나님 나라 운동을 지향하는
IVF(InterVarsity Christian Fellowship)의 출판부로서
생각하는 그리스도인을 위한 문서 운동을 실천합니다.

팔레스타인을 걷다

김영봉

성지에서 길어낸
생명과
평화의 묵상

IVP

차례

들어가는 글　7

1장　순례길 인생　11
2장　하나님을 보다 _ 광야　33
3장　하나님의 마음 _ 유대인과 아랍인　53
4장　광야에서 배운 것 _ 출애굽 경로　79
5장　구원을 희망하다 _ 예루살렘　99
6장　예수가 필요하다 _ 통곡의 벽　121
7장　십자가는 살아 있다 _ 비아 돌로로사　145
8장　신실한 소수자 _ 베들레헴　173
9장　헛되지 않다 _ 마사다, 므깃도, 페트라　195
10장　첫사랑의 기억 _ 갈릴리 호수　221

싱시순례 가이드　247
순례길에 쓴 시들　251

일러두기
이 책에 인용된 성경 본문은 새번역을 사용하였습니다.

들어가는 글

나는 명색이 신약학자로 십 년을 살고 현장 목회자로 십 년 넘게 섬기고 있다. 신약 성경을 전문 분야로 연구하는 사람에게는 그 배경이 되는 땅에 직접 가 보는 것이 꼭 필요한 일인데, 나는 최근까지도 그 기회를 얻지 못했다.

처음에는 재정적인 여유가 없는 것이 문제였다. 여행사에서 제시하는 순례 비용은 생활인인 나에게는 만만치 않은 부담이었다. 교수 생활을 하면서 경제적인 여유가 생겼을 때는 다른 이유가 생겼다. 상업적 목적으로 짜인 유적지 중심의 '관광'보다는, 학자답게 충분한 시간을 들여 '연구'를 위해 가고 싶었다. 그러자면 시간도 넉넉히 잡아야 했고, 재정적 준비도 충분히 해야 했다. 그럴 상황이 될 때까지는 성지순례를 하지 않겠다고 생각했다.

성지순례에 대한 반감도 어느 정도 작용했다. 팔레스타인 땅이 우

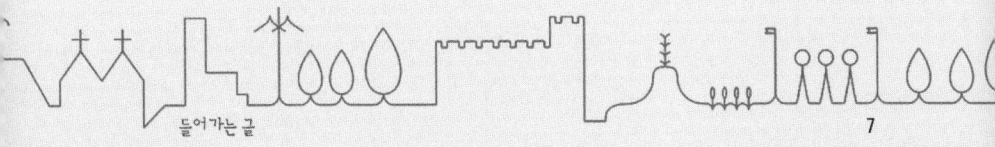

리가 사는 땅과 본질적으로 다른 것처럼 대하는 태도도 마음에 들지 않았고, 마치 천국 땅이라도 밟은 듯이 말하고 행동하는 것도 마음에 들지 않았다. 우리나라에서만 한 해에 평균 4만 명 정도가 그 지역에 순례를 간다고 하는데, 그 엄청난 소비 행렬에 끼고 싶지도 않았다. 뿐만 아니라, 팔레스타인 아랍인들에 대한 이스라엘의 정책에 대해서도 불편함이 있었다. 팔레스타인 순례 여행이 유대인들을 두둔하는 행동처럼 느껴졌다. 이런 복합적인 이유 때문에 '책에 길이 있다'고 생각하며 미루어 왔다.

지금 섬기는 교회에서도 몇 차례 순례의 기회가 있었지만 그때마다 다른 목회자를 보냈다. 일정도 허락하지 않았고 아내를 두고 혼자 갈 수도 없었기 때문이다. 그러던 중 순례를 다녀온 교우 한 분이 우리 부부를 강권했다. 그분은 내가 도저히 피할 수 없도록 모든 준비를 해 놓고 등을 떠밀었다. 취소하거나 연기해야 할 이유가 자꾸 생겼으나 돌이킬 수 없게 되었고, 결국 2013년 10월에 교우들과 함께 순례길에 올랐다.

순례 여정에 오르기 전에 나는 교우들에게 한 가지를 약속했다. 순례길에서 얻은 묵상을 연속 설교를 통해 나누겠다고 말이다. 분명 몇 가지 나눌 만한 영감을 얻으리라는 기대감이 있었다. 이 시기에 나는 개인적으로 영적 변화의 과정을 거치고 있었다. 은퇴 이전까지 남겨진 십 년 남짓의 시간 동안 어떻게 목회를 해야 할지 길을 찾는 중이었다. 나중에 안 일이지만, 이 순례 여정은 그런 영적 추구에 대한 하나님의 응답이었다. 비록 여행사에서 정한 경로를 따라 다녀온 것이지만, 이 순례 과정을 통해 얻은 충격은 실로 컸고 영적 영향력은 실로 깊었다.

귀국하자마자 '성지묵상 연속 설교'를 시작했다. 처음에는 4-5주 정도로 끝날 줄 알았다. 하지만 그것으로 만족할 수 없어 꼭 나누고 싶은 이야기만을 골라 10주 동안 설교를 했고, 교우들은 매 주일 뜨거운 호응을 보여 주었다.

연속 설교를 마친 후, 못다 한 이야기를 더하여 책을 내면 좋겠다는 생각을 했다. 사실 순례를 떠나기 전에 성지순례에 관한 책들을 좀 찾아보았는데, 마땅한 것을 찾지 못했다. 성경의 배경이 되는 지역에 대한 역사적·지리적 설명을 담은 책은 많았지만 눈에 보이는 것 이면을 보고 생각하게 하는 책은 찾기 어려웠다. 결국 나는 톰 라이트의 「내 주님 걸으신 그 길」*The Way of the Lord*, 살림을 읽으면서 마음의 준비를 했다. 많고 많은 성지순례 안내 책자가 있음에도 이 설교를 책으로 묶어 내는 이유가 바로 여기 있다. 나는 이 글을 통해 성지순례를 제대로 할 수 있는 마음의 눈을 뜨도록 돕고 싶었다. 물론, 굳이 성지순례를 하지 않아도 이 책은 순례자의 마음을 알게 해줄 것이다. 우리 인생길 자체가 순례이므로!

책을 내면서 우리 부부가 순례길에 오를 수 있도록 등을 떠밀어

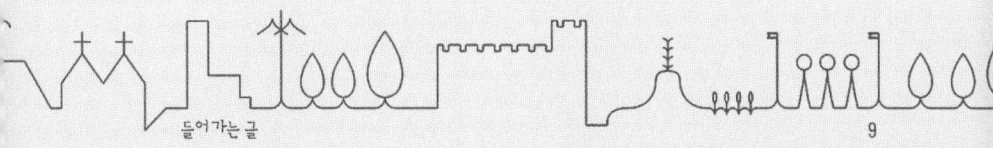

준 교우에게 감사의 마음을 전한다. 또한 순례 여정을 함께하며 길동무가 되어 준 교우들과 설레는 마음으로 연속 설교를 경청해 준 모든 교우들에게 감사의 뜻을 전한다. 마지막 단계에서 원고를 꼼꼼히 읽어 주시고 아랍권에 대한 내용을 점검해 주신 김동문 목사님께 큰 빚을 졌다. 그리고 이번에도 좋은 책을 만들어 주신 IVP 편집진에게 감사를 드린다. 이 모든 작업을 통해 주님이 영광 받으시기를!

2014년 2월
버지니아에서,
김영봉

1장

순례길 인생

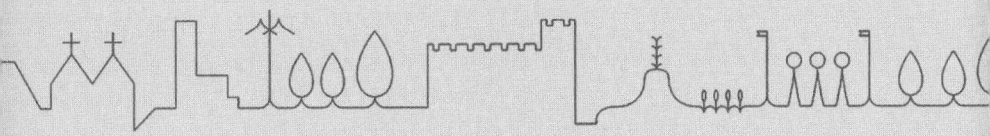

순례와 관광

'순례'pilgrimage는 '여행' 혹은 '관광'과는 차이가 있습니다. 'pilgrimage'라는 영어 단어는 '낯선' 혹은 '타국의'라는 뜻의 라틴어에서 왔습니다. 그러니까 처음에는 '멀고 낯선 곳'을 여행하는 것을 순례라 불렀습니다. 옛날에 멀고 낯선 땅을 여행하는 이유는 상업적 목적과 종교적 목적 둘 중 하나였습니다. pilgrimage는 그중 종교적 목적의 여행을 가리키는 단어로 사용되었고, 그것을 우리말로 '순례'라고 번역합니다.

이렇게 본다면 여행 목적지에 따라 순례가 될 수도 있고 여행이 될 수도 있다고 생각하기 쉽고, 우리는 실제로 그렇게 말하곤 합니다. 파리에 가는 것은 여행이고, 예루살렘에 가는 것은 순례라고 말입니다. 하지만 더 중요한 것은 어디에 가느냐가 아니라 '어떤 마음으로 가느냐'입니다. 두 사람이 똑같이 예루살렘에 가더라도 마음가짐에 따라 한 사람은 관광으로 끝나고 다른 사람은 순례를 할 수 있습니다. 순례는 눈에 보이는 것을 통해 눈에 보이지 않는 영원한 존재를 만나러 떠나는 여행입니다. 그런 마음을 가지고 가면 알래스카에 다녀와도 순례가 될 수 있습니다.

순례, 특별히 성지순례는 믿음을 가진 사람들은 누구나 한 번쯤

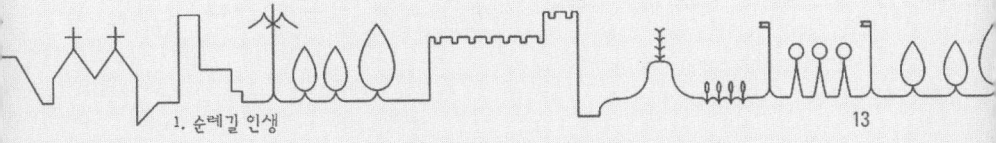

이루어 보고 싶은 꿈입니다. 사실 나는 '성지순례'라는 용어를 기피해 왔습니다. 팔레스타인 땅을 '거룩한 땅' 즉 '성지'로 여기다 보니, 그 외의 다른 땅은 거룩하지 않은 것처럼 간주하는 잘못이 생기기 때문입니다. 본질적으로 볼 때, 팔레스타인 땅이 한국 땅이나 미국 땅보다 더 거룩하지 않습니다. 다만, 우리가 귀하게 여기는 성경의 배경이 되고 우리 주님이 걸으신 땅이라는 의미에서 특별한 의미를 부여할 따름입니다. 앞으로 이 책에서는 이러한 전제에서 '성지순례'라는 말을 사용할 것입니다.

그렇기는 하지만, 실제로 성지순례는 그리스도인들에게 특별한 의미를 가집니다. 2014년 2월 16일 이집트에서 성지순례단이 탄 버스가 테러로 인해 일부 폭파되는 사고가 일어났습니다. 그 사고로 인해 목숨을 잃은 고 김홍렬 권사님은 남편과 사별하고 어려운 형편으로 살고 있었지만, 평생의 꿈이던 성지순례를 위해 몇 년 동안 적금을 부었다고 합니다. 그렇게 어렵게 오른 순례길에서 사고를 당한 것입니다. 그만큼 성지순례는 믿는 이들에게 각별합니다. 나와 함께 순례 여정에 오른 분들 중에도 오랫동안 벼르고 벼르다 오신 분이 많았습니다. 결혼 40주년을 기념해서 마침내 꿈을 이룬 분도 있었고, 여든이 넘은 노부부가 자녀들의 도움으로 생의 마지막 여행처럼 오기도 하셨습니다. 누구 하나 쉽게 그 여정에 오른 사람이 없었습니다.

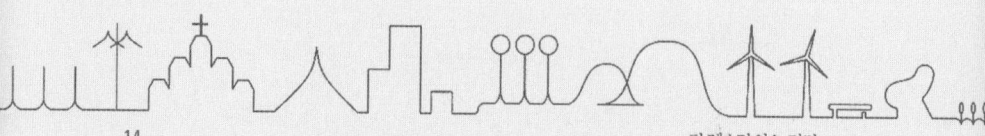

과거에는 더욱 그랬지만, 오늘날에도 순례는 많은 희생을 요구합니다. 일단 '멀고 낯선 곳'으로 가야 합니다. 비행기 여행이 편리해진 이 시대에도 적잖은 피로를 동반하는 여행입니다. 일정이 지속되다 보면 건강이 좋은 사람에게도 벅차게 느껴질 때가 있습니다. 게다가 비용도 만만치 않습니다. 그런데도 꼭 한 번쯤은 해 보고 싶습니다.

왜 그렇습니까? 왜 우리에게는 그 땅을 단 한 번만이라도 밟아 보고 싶은 열망이 있는 것입니까? 바로 하나님을 믿기 때문입니다. 하나님을 갈망하기 때문입니다. 그 하나님을 더 친밀하게 만나고 싶기 때문입니다. 영으로만 만나 온 주님을 피부로 느끼듯이 가까이 체험하고 싶은 것입니다. 누구에게나 순례에 대한 열망이 있다는 말은 누구에게나 하나님을 더 가까이 만나고 싶은 마음이 있다는 뜻입니다. 그 열망이 강한 사람도 있고 약한 사람도 있지만, 하나님을 진실로 믿는다면 누구나 그 열망을 가지고 삽니다.

이번에 안 사실인데, 바로 그런 이유로 성지순례를 두려워하는 이들도 있습니다. 성지순례를 하다가 정말 하나님을 만나고 그로 인해 자신이 원치 않는 큰 변화를 겪게 될 것을 두려워하는 것입니다. 함께 순례길에 오른 한 분이 저에게 그와 같은 고백을 했는데, 그분은 과거에도 성지순례의 기회를 몇 번 얻었다고 합니다. 하지만 그의 마음이 하나님과의 만남에, 그리고 그 만남으로 인한 변화에 준비되어

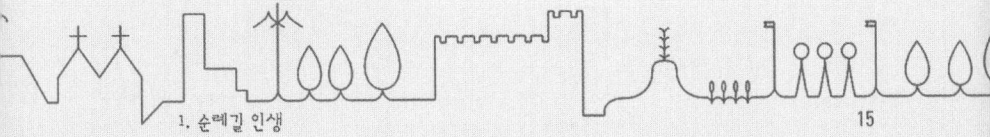

있지 않았기에 이런 저런 핑계를 대며 회피해 왔다고 합니다. 하지만 지금은 그 마음이 변해서 제발 그곳에서 하나님을 만나고 더 깊이 변화되기를 소망하고 기도하고 있다고 고백하셨습니다.

순례길에 오른 마음

순례의 전통은 종교마다 있으며, 그중 유대인들의 예루살렘 순례는 꽤 유명합니다. 유대인들은 하나님이 그 거룩한 이름을 두신 성전이 있는 예루살렘을 세상의 중심으로 여겼습니다. 그래서 예루살렘에서 멀리 떨어져 사는 유대인들은 예루살렘 성전에 한 번이라도 가 보는 것이 가장 큰 소원이었습니다. 유대교 전통에서는 모든 유대인 남성에게 매년 세 번 성전으로 순례를 하도록 요구합니다. 그러나 실제로 그렇게 할 수 있는 사람은 많지 않았습니다. 로마나 스페인같이 먼 곳에 떨어져 살았던 유대인들은 일 년에 한 번 순례를 하기도 쉽지 않았고, 평생 그 꿈을 이루지 못하는 사람도 많았습니다.

시편 84편은 그 같은 순례의 갈망을 표현한 시입니다. 시온의 성전, 그 영광스러운 예루살렘 성전을 향한 시인의 열망은 뜨거웠습니다. 5절에서 시인은 이렇게 말합니다.

주님이 주시는 힘을 얻고,

마음이 이미

시온의 순례길에 오른 사람들은

복이 있습니다.

'마음이 이미 순례길에 올랐다'는 표현에 담긴 정서를 알 듯합니다. 객지 생활을 하다 명절이 되어 고향을 찾아가 본 사람들은 다 경험해 보았을 것입니다. 몸은 아직 떠나지 않았는데 마음은 이미 고향 가는 길에 오른 것입니다. 예루살렘에 대한 시인의 열망이 그토록 간절했던 것입니다.

시인은 왜 이렇게도 간절히 순례를 원했습니까? 하나님에 대한 믿음과 사랑 때문이었습니다. 하나님이 살아 계시다는 것, 그리고 하나님과 동행하는 것이 가장 행복한 삶이라는 사실을 믿었기 때문입니다. 10절은 기억할 만한 구절입니다.

주님의 집 뜰 안에서 지내는 하루가

다른 곳에서 지내는

천 날보다 낫기에,

악인의 장막에서 살기보다는,

하나님의 집 문지기로 있는 것이 더 좋습니다.

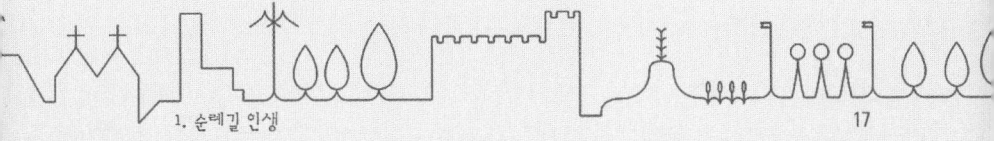

백범 김구 선생이 '나의 소원'이라는 글에서 자신은 독립 정부의 문지기가 되고 싶었다고 말한 적이 있습니다. 독립된 나라를 그토록 열망했다는 뜻입니다. 마찬가지로 시인은 하나님의 집을 너무도 사랑했기에 그 집의 문지기가 되어도 좋겠다고 말하고 있습니다. 그뿐이 아닙니다. 3-4절에서 시인은 이렇게 고백합니다.

만군의 주님,
나의 왕, 나의 하나님,
참새도 주님의 제단 곁에서
제 집을 짓고,
제비도
새끼 칠 보금자리를 얻습니다.
주님의 집에 사는 사람들은
복됩니다.
그들은 영원토록
주님을 찬양합니다.

시인은 성전 처마 밑에 집을 짓고 사는 제비를 부러워하고, 성전 뜰에 심은 나무에 집을 짓고 사는 참새를 부러워합니다. 하나님과 함께 산다면, 문지기가 아니라 참새나 제비가 되어도 상관없다는 뜻입니다. 시인은 그토록 하나님을 사모했습니다.

그렇기에 그의 마음은 언제나 순례길에 올라 있었습니다. 그가 순례길에 오르기를 소망하는 것은 그것을 통해 무엇을 얻자는 것이 아닙니다. 오직 하나, 자신을 지으시고 구원하시고 사랑하시는 하나님, 그분과 조금이라도 더 가까이 있고 싶기 때문입니다. 시인은 이 시편을 하나님에 대한 절절한 사랑의 표현으로 시작합니다.

> 만군의 주님,
> 주님이 계신 곳이
> 얼마나 사랑스러운지요.
> 내 영혼이 주님의 궁전 뜰을
> 그리워하고 사모합니다.
> 내 마음도 이 몸도,
> 살아 계신 하나님께
> 기쁨의 노래 부릅니다. (1-2절)

순례자로 살라

순례는 이와 같은 마음으로 하는 것입니다. 하나님을 향한 간절한

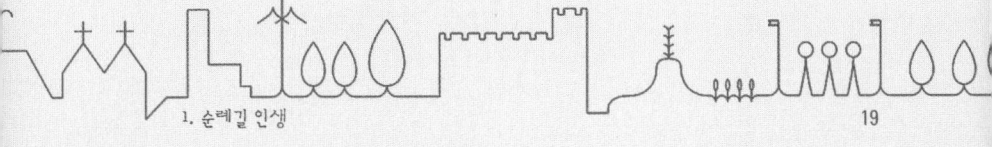

마음으로 여정에 올라야만 관광이나 여행이 아니라 순례를 할 수 있습니다. 그리고 이 마음으로 순례를 할 때, 그 순례길에서 하나님을 새롭게 만날 수 있습니다. 하나님을 새롭게 만나면, 나는 더 이상 과거의 나일 수 없습니다. 굳이 노력하지 않아도, 하나님과의 새로운 만남으로 인해 변화가 일어나게 되어 있습니다. 그래서 '순례를 끝내면 나는 더 이상 과거의 내가 아니다'라고 말하는 것입니다.

나와 순례길을 함께 걸었던 교우 중 한 분이 감상을 나누는 중에 이렇게 말씀하셨습니다. "저는 이 성지순례가 기대되면서도 두렵습니다. 순례를 다녀오고 나면 뭔가 달라져야 할 텐데, 남편이나 자녀들처럼 가까운 사람들이 저를 보고 '순례를 다녀와도 별 소용이 없다'고 말할까 봐 겁이 납니다. 정말 변하고 싶거든요. 그런데 변한 것이 없을까 봐 겁이 납니다."

순례의 의미를 제대로 알고 하시는 말씀입니다. 성지순례는 그리스도인이면 누구나 소원하는 것이지만, 앞서 말했듯이 묘한 두려움도 불러일으킵니다. 성지순례를 제대로 하고 나면 때로 감당할 수 없는 변화가 일어나기 때문입니다. 그래서 그 변화가 무서워 성지순례를 피하는 사람들도 있습니다. 그런 것을 감안한다면, 변화가 일어나지 않을까 봐 두렵다고 말하는 그 마음이 참 귀합니다. 나는 순례 여정 중에 그분의 말씀을 곰곰이 생각해 보았고 두 가지로 생각을 정리했습니다.

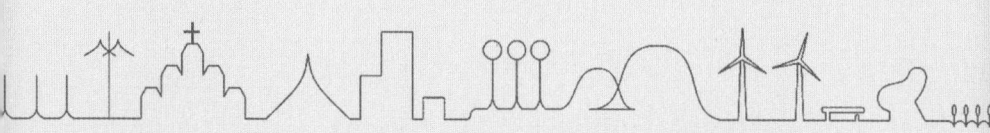

첫째, 순례 후에 변화가 일어날 것인지 아닌지 걱정할 필요가 없다는 것입니다. 진정한 변화는 우리가 노력해서 되는 것이 아니기 때문입니다. 하나님을 새롭게 만나면 그 만남으로 인해 자연히 변화가 일어납니다. 순례길에서 더 자주 하나님을 생각하고 하나님을 구하는 일에 마음을 쓰다 보면, 알지도 못하는 사이에 믿음이 달라지고, 믿음이 달라지면 그로 인해 변화가 일어나게 되어 있습니다.

생각해 보니, 변화되지 못할 것 같은 두려움은 하나님을 새롭게 만나지 못할 것 같은 두려움이라 할 수도 있겠습니다. 하지만 그것은 공연한 두려움입니다. 우리가 하나님을 갈망하는 것보다 더 간절히 하나님은 우리를 갈망하십니다. 그러므로 하나님에 대한 갈망이 진실하다면 그분은 우리를 새롭게, 더 가까이 만나 주십니다.

둘째, 변화는 순례길에서 한 번 일어나고 마는 것이 아닙니다. 순례 여정 중에, 그리고 돌아와 지난 여정을 돌아보며 다시 한 번 확인한 사실이 있습니다. 진정한 순례는 매일매일의 삶이라는 사실입니다. 우리의 인생 전체가 순례의 여정입니다. 그러므로 진정한 변화는 순례길에서 일어나는 것이 아니라, 순례길에서 돌아와 매일을 순례자처럼 살아갈 때 일어나는 것입니다.

순례 여정 중에 기막힌 영적 체험을 하는 사람들이 있습니다. 하지만 그것으로 끝나면 그저 추억으로 남을 뿐입니다. 오히려 영적 자괴감을 낳습니다. 그렇게 기막힌 체험을 했는데, 그래서 분명히 변할

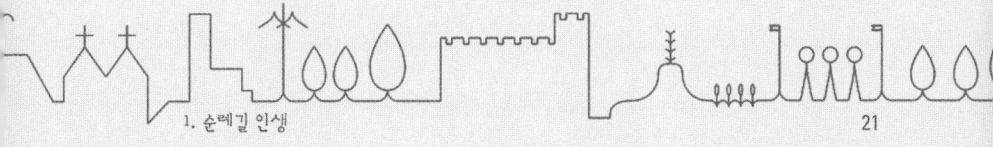

줄 알았는데, 일상으로 돌아온 후 전혀 변한 것이 없음을 확인하면 절망감과 낭패감에 빠지게 됩니다. 반대로 순례 여정 중에 특별한 영적 체험이 없었다 해도, 일상으로 돌아온 후 과거보다는 더 친밀하고 더 절실하게 주님과 동행하기를 힘쓰다 보면 변화가 일어납니다.

우리의 인생 자체가 순례의 여정입니다. 아니, 그래야만 합니다. 어디서 살든 매일을 순례자처럼 살아야 합니다. 성지순례를 마치고 와서 '이제 순례가 끝났다'고 생각해서는 안 됩니다. 오히려 진정한 순례는 집으로 돌아온 후에 시작됨을 알아야 합니다.

순례를 떠나기 전 주일 날 예배를 마치고 나오는데 어느 교우께서 책을 한 권 건네주셨습니다. 20여 년 전 출간된 박준서 박사님의 「성지순례」라는 책입니다. 그분은 성지순례에 대한 열망 때문에 오래 전 그 책을 사서 읽으셨고, '언젠가는 그 땅을 밟고 싶은' 소원 때문에 이민과 이사를 거듭할 때마다 그 책을 챙겼습니다. 하지만 그때는 좀처럼 오지 않았고 앞으로도 영영 올 것 같지 않았기에, 소중히 간직해 왔던 그 책을 저에게 주신 것입니다.

책을 집에 가지고 와서 읽는데 마음이 뻐근할 정도로 아팠습니다. 때 묻은 책장을 넘기면서 성지순례가 그분에게 얼마나 간절한 소원이었는지를 알 수 있었습니다. 자신의 소원을 포기하고 그 아끼던 책을 저에게 넘겨준 그분의 마음을 생각하니, 얼마나 미안하고 마음이 아프던지요! 얼마 전 그분은 선교 사역에 남은 인생을 바치

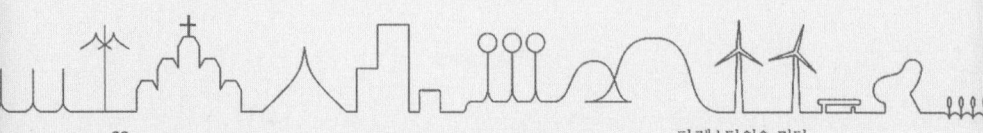

기 위해 남아프리카공화국으로 떠나셨습니다.

그분처럼 성지순례에 대한 열망은 있으나 그것을 이루지 못한 이들이 많을 것입니다. 형편상―어떤 이는 건강 때문에 또 어떤 이는 경제적인 문제 때문에―영영 그렇게 하지 못할 이들도 많을 것입니다. 그래서 순례 여정을 떠나는 제 발걸음이 가볍지만은 않았고, 여정 중에도 마음껏 좋아할 수 없었습니다. 내가 섬기는 교우들 가운데도 그런 분이 많다는 사실을 알기 때문입니다.

그런 형편에 있는 이들은 어떻게 해야 할까요? 성지순례를 하는 사람들을 마냥 부러워하고만 있어야 할까요? 순례 여행 한 번 못하는 자신의 형편을 두고 낙심하고 탄식해야 할까요? 순례는 남의 일이라고 생각하고 아예 신경을 꺼야 할까요?

그렇지 않습니다. 앞서 말씀드린 것처럼, 성지순례를 통해 얻어야 할 가장 중요한 소득은 우리의 인생이 순례길이라는 깨달음입니다. 성지순례를 마치고 나서 하루하루의 일상을 순례자처럼 살지 않는다면 별 의미가 없습니다. 따라서 성지순례를 하지 않았다고 해도 자신이 순례자임을 자각하고 하루하루를 순례처럼 살아간다면, 성지순례를 열 번 다녀온 사람보다 더 낫다고 할 수 있습니다.

앞에서 읽은 시편 84편은 순례자의 마음으로 일상을 살던 사람이 쓴 것입니다. 이 시편의 메시지를 한 문장으로 요약한다면 '순례를 떠나라'가 아니라 '순례자로 살라'는 것입니다. 시인은 '언제나 순

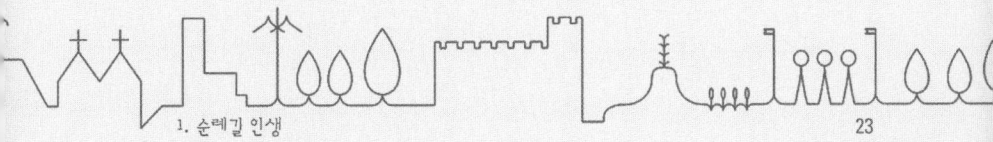

례길에 오를 수 있을까?'를 생각하며 그것만을 목매고 기다리지 않았습니다. 이미 순례길에 오른 사람처럼 혹은 이미 성전에 도달한 사람처럼, 늘 하나님과 동행하며 살았습니다. 그렇게 산다면 순례가 따로 필요 없습니다.

작은 순례길

'순례'巡禮라는 한자말을 누가 만들었는지, 참 기가 막힌 말의 조합입니다. '순'巡은 '돌다' 혹은 '돌아보다'라는 뜻이고, '예'禮는 '예배'를 뜻합니다. 그러므로 '순례'는 자기 종교의 유적지들을 돌아다니면서 예배드리는 것이라 할 수 있습니다. 순례길에서 우리도 몇 번 예배를 드렸습니다. 하지만 나는 이 단어를 조금 달리 해석해서, 종교 유적지를 돌아다니는 것 자체가 예배라는 뜻으로 봅니다.

예배가 무엇입니까? 하나님을 높이고 찬양하는 것입니다. 그러므로 여행을 하면서 하나님을 생각하고 그분을 높이고 찬양하면, 그 여정 자체가 예배가 됩니다. 그렇다면 인생길이 순례길이라는 말이 무슨 뜻인지도, 그리고 매일의 일상을 순례자로 살아간다는 말이 무슨 뜻인지도 분명해집니다. 어디에 있든 무슨 일을 하든, 늘 하나님을 생각하고 그분을 갈망하며 그분을 높이고 찬양하는 것이 바로

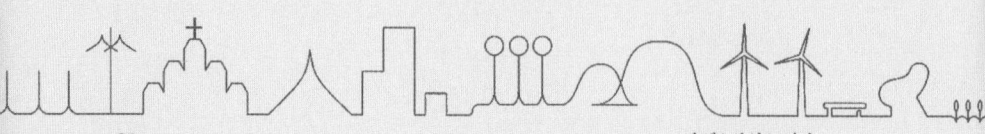

순례자의 마음입니다. 매일 매순간 우리 안에 계신 주님과 동행하며, 주님을 생각하고 주님의 뜻을 따르는 삶이 바로 순례자로 사는 삶입니다.

그런데 내가 선 자리에서 늘 순례자처럼 살기가 쉽지 않습니다. 우리가 믿는 그 주님은 눈에 보이지 않고 손으로 만질 수 없기 때문입니다. 그래서 자주 잊습니다. 그렇기 때문에 그분의 임재에 대한 우리의 의식을 지속적으로 깨워 줄 도구가 필요하고, 성지로 순례를 떠나는 것입니다. 그곳에 가면 주님의 임재를 더 진하게 경험할 가능성이 높기 때문입니다.

하지만 우리가 알아야 할 것이 있습니다. 우리 곁에는 '작은 순례길'이 많다는 사실입니다. 주일에 예배당에 모여 함께 예배드리는 것도 작은 순례길입니다. 마음과 정성을 다해 온전히 예배를 드리고 나면, 주님이 내 안에 계시고 내가 천국을 걷고 있다는 사실을 새롭게 확인하게 됩니다. 그러므로 예배를 대하는 우리의 마음은 성지순례에 임하는 사람의 마음과 같아야 합니다. 그렇게 예배하는 사람은 매일 주님과 더 긴밀히 동행하는 삶을 살 수 있습니다.

매일 시간을 성별하여 주님과 나누는 경건 시간도 역시 작은 순례길입니다. 새벽기도회에 참석하든, 집에서 혹은 직장에서 큐티를 하든, 하루 종일 주님과 동행하기 위해 주님을 찾는 것을 '매일 순례'라고 부르면 좋겠습니다. 그렇게 '매일 순례'를 잘 해야만 하루 종

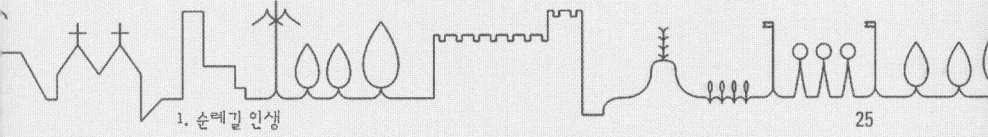

일 주님과 동행할 수 있습니다.

제가 요즘 '매일 순례'를 할 때마다 드리는 짤막한 기도가 있습니다. '동행 기도'라고 이름 짓고 싶은데, 세 문장으로 된 기도입니다.

주님, 제 안에 주님 계심을 제가 믿습니다.
주님과 동행하는 것이 제게 가장 복된 일임을 믿습니다.
하오니, 오늘도 늘 주님과 동행하게 하소서.

마음을 다해 이 기도를 자주 드리면 하루 종일 주님과 동행하기가 훨씬 쉬워집니다. 첫 문장을 기도하면서 진짜로 주님이 자신 안에 계시다는 사실이 믿어질 때까지 기다리십시오. 그 믿음이 들어차면 두 번째 문장으로 넘어갑니다. 그렇게 세 문장을 가지고 진심으로 기도하고 그렇게 되도록 노력하면 하루 종일 주님과 동행할 수 있습니다. 일과 중에 주님의 임재를 망각하고 있음을 발견하는 즉시 잠시 눈을 감고 이 기도를 다시 드리십시오. 단 5분의 기도로도 주님의 임재를 향해 깨어날 수 있습니다.

이와 같이 하나님을 더 친밀하게 만나려는 열망으로 행하는 모든 일이 작은 순례길입니다. 소그룹으로 모이는 것도, 함께 모여 말씀을 공부하는 것도, 함께 모여 기도하는 것도, 선교지에 나가 땀 흘려 일하는 것도 모두 작은 순례입니다. '내가 주님을 만났습니다'라는 고

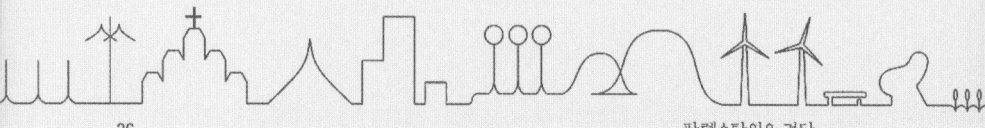

백이 가장 자주 나오는 곳이 바로 단기 선교 현장입니다. 가난하고 냄새나고 불편한 곳에서 몸을 굽혀 봉사하는 중에 주님을 만나게 됩니다. 그러니 단기 선교도 알고 보면 순례 여행이라 할 수 있습니다.

많은 돈과 시간과 노력을 들여 멀리 순례를 떠나기 전에 먼저 주변에 있는 순례길부터 제대로 챙겨야 합니다. 작은 순례길도 제대로 걷지 못한다면, 멀리 있는 순례길을 제대로 걸을 수 없습니다. 곁에 있는 작은 순례길을 진실하고 참되게 걷는다면, 우리는 순례자로서 매일을 살아갈 수 있습니다. 순례자의 마음으로 살면서 무엇을 하든지 하나님의 영광을 위해 살아갈 수 있습니다. 그렇게 살아갈 때, 우리의 삶에는 크고 작은 변화들이 일어납니다.

마른 골짜기에 샘물을

시편 84편에는 주목할 만한 구절이 하나 더 있습니다. 바로 6절입니다. 이 구절의 원어, 즉 히브리어의 의미를 NIV 성경이 잘 담아 놓았습니다.

> As they pass through the Valley of Baka,
> They make it a place of springs.

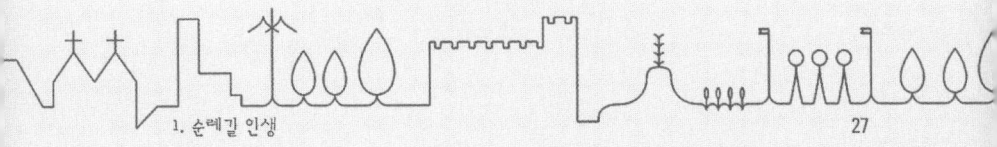

그들이 바카 골짜기를 지나갈 때에,

그들이 그곳을 샘물 골짜기로 만들었습니다. ^(저자 사역)

우리말 성경에서는 '눈물 골짜기'라고 번역한 것을 NIV에서는 '바카 골짜기'라고 번역했습니다. 그것에 해당하는 히브리어가 두 가지 번역을 모두 허용하기 때문입니다. 어떻게 번역하든, 그 골짜기는 중동 지역에서 흔히 볼 수 있는 황량한 골짜기입니다. 나는 이번에 중동 지역을 여행하며 이곳에 황량한 골짜기가 얼마나 많은지를 눈으로 확인할 수 있었습니다. 그런데 순례자가 그런 골짜기를 지날 때 그곳

• 요르단의 산악 지대. 황량한 골짜기가 끝도 없이 이어진다.

에 샘물이 터져 나오게 만들었다는 것입니다. 순례자로 일상을 사는 사람들은 인생길에서 고난과 역경을 만날 때 그곳에 샘물이 터지게 만드는 사람이라는 뜻입니다.

진실로 그렇습니다. 인생길을 순례자의 마음으로 살아가는 사람, 늘 주님과 동행하며 주님의 뜻을 위해 사는 사람은 사막에 길을 내는 사람이고, 광야에 정원을 만드는 사람이며, 메마른 골짜기에 샘물을 터뜨리는 사람입니다. 그것이 믿음의 능력입니다. 인생길을 순례길로 걷는 사람들은 그 같은 영적인 능력을 얻게 됩니다. 그래서 바울 사도는 "항상 기뻐하십시오. 끊임없이 기도하십시오. 모든 일에 감사하십시오. 이것이 그리스도 예수 안에서 여러분에게 바라시는 하나님의 뜻입니다"살전 5:16-18라고 권면했습니다. 기뻐할 수 없는 상황에서 억지로 기뻐하라는 뜻이 아니라, 항상 기뻐할 수 있도록 삶의 태도를 바꾸라는 것입니다. 그리고 인생을 순례길로 걷는 것이 바로 그 비결입니다.

혹시 지금 사막을 걷고 있습니까? 메마른 광야에서 힘겨운 싸움을 하고 있습니까? 아니면, 메마른 골짜기를 걷고 있습니까? 그렇다면 주님을 더 깊이 만나기를 소망하며 순례길에 나선 사람처럼, 지금 선 자리에서 무슨 일을 하든 주님을 더 깊이 만나기를 소망하며 주님을 찬양하며 살아가기를 힘쓰십시오. 그렇게 순례자로서 주님과 동행하기를 힘쓸 때, 때로는 권태로워 보이고 때로는 지루해 보이며

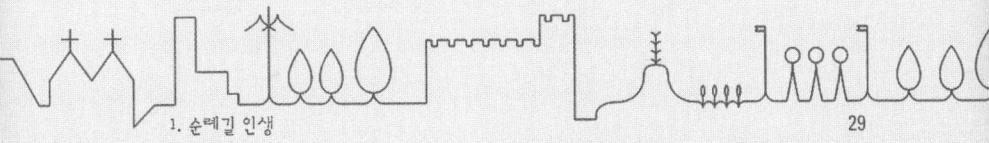

또 때로는 메말라 보이는 우리의 일상에 샘물이 터질 것입니다. 뿐만 아니라, 지금 이 땅에서 내 손에 들어온 것이 전부가 아님을 알기에 물질에 사로잡히지 않고 영원한 것을 위해 살아갈 수 있습니다. 하나님 나라, 그 영원한 나라를 소망하기에 이 땅의 것에 대해서는 자족할 수 있고 또한 자유로울 수 있습니다.

혹시 지금 푸른 초장과 맑은 시냇가를 걷고 있습니까? 가는 곳마다 샘물이 터져 나오고 있습니까? 먼저 그러한 환경으로 인도하신 하나님께 감사하십시오. 그리고 두렵고 떨리는 마음으로 그 축복을 대하십시오. 마음의 눈이 어두워지지 않도록 깨어 있으십시오. 마음의 눈이 어두워지면 축복이 재앙이 됩니다. 주님과 동행하는 사람은 메마른 골짜기에 샘물이 터지게 하지만, 주님과 동행하지 않는 사람은 샘물을 혼탁하게 만들고 마침내 물의 근원까지 막아 버립니다. 눈에 보이는 것에 속지 않고 늘 주님과 동행하도록 힘쓸 때, 삶은 든든할 것입니다. 그리고 물질적 환경에 탐닉하지 않고 하나님 나라에 대한 소망을 붙들 것입니다.

순례자로 인생을 사는 것, 그것이 우리 모두의 소망이어야 합니다. 그것이 이 땅에서 우리가 살아가는 방법입니다. 하나님을 믿는 우리는 '고향이 따로 있는 사람들'이기 때문입니다. 이와 같은 믿음과 시각을 회복하는 여정이 되어야만 순례라는 이름을 붙일 수 있습니다.

한 번의 거룩한 순례길 인생을 허락하신 주님,

저희의 마음을 붙들어 주시어

순례자로서 이 세상을 살게 하소서.

주님에 대한 사랑을

저희 마음에 가득 채우소서.

주님에 대한 믿음을

늘 새롭게 하소서.

주님과 동행하며

이 순례길을 완주하도록 지키소서.

아멘.

■ 묵상을 위한 질문

1. 성지순례를 해 본 경험이 있습니까? 혹은 그에 대한 간접 경험이 있습니까? 성지순례에 대한 당신의 생각은 어떠합니까?
2. 인생길이 순례길이라는 사실을 당신은 어떻게 이해합니까? 순례자로서 산다는 것은 무슨 뜻입니까? 구체적으로 생각해 보십시오.
3. 당신에게 열려 있는 작은 순례길을 어떤 마음으로 대하고 있습니까? 매일 순례자로 사는 데 어떤 어려움이 있습니까? 눈물 골짜기에 샘물을 터뜨리는 영적 능력을 얻기 위해 당신에게는 무엇이 필요합니까?

2장

하나님을 보다
광야

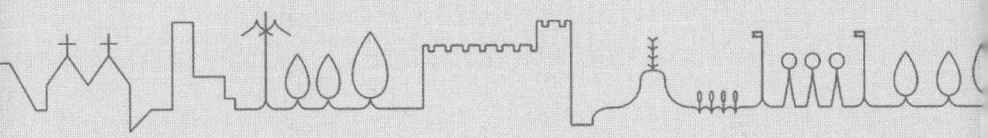

아무것도 없다!

순례 여정에서 가장 많이 보았고 그래서 돌아온 후에도 가장 자주 생각나는 것은 팔레스타인과 요르단을 뒤덮고 있는 돌산과 광야 그리고 사막입니다. 광야와 사막은 강수량으로 구분하는데, 연 강수량이 100-300밀리미터 이하가 되면 '사막'이라고 부르고 그 이상이면 '광야'라 부른다고 합니다. 예루살렘에서 여리고를 거쳐 사해로 가는 동안에도 우리는 끝없이 펼쳐지는 메마른 산지와 황량한 광야를 경험할 수 있었습니다. 숲이 우거진 우리나라 산의 풍경과 전혀 다른, 그 누런빛의 황량함이 보는 이의 입을 마르게 할 정도였습니다.*

요르단 강 동편에 있는 요르단에서도 마찬가지였습니다. 우리 일행은 요르단의 최남단인 홍해까지 내려갔다가 출애굽 여정을 따라 다시 북쪽으로 올라왔습니다. 요르단 중남부의 거대한 사막 '와디럼'에서 조금 올라오니 황량한 광야가 이어졌고, 그 이후에는 거대한 돌산이 굽이굽이 이어져 있었습니다. 거대한 돌산 정상에 도시와 마을이 형성되어 있는 것이 참으로 이상하게 보였습니다. 산 정상은 급한 홍수의 피해를 최소화하고 교통 요지와 요새의 기능을 갖출 수

* 물론 팔레스타인에는 사마리아 산지나 유대 산지 등 숲이 우거진 산지도 있습니다.

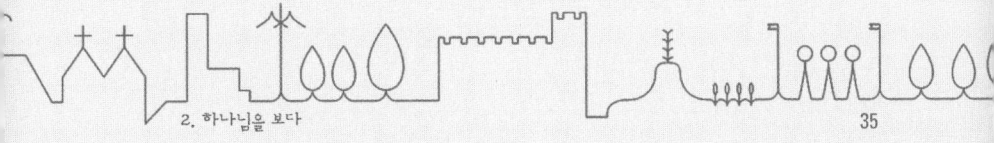

• 와디 럼 사막.

있다는 점에서, 도시의 중요한 입지 조건이라고 합니다.

　우리 일행은 와디 럼 사막에서 하룻밤을 지냈습니다. 잘 지어진 텐트에서 지냈으니 제대로 된 사막 체험이라고 할 수는 없지만, 사막에서의 삶이 어떤 것인지 조금이나마 체험할 수 있었습니다. 한낮에 사막을 걷기도 했고, 달빛이 내려앉은 사막의 밤을 느끼기도 했으며, 새벽녘에 살을 파고드는 사막의 한기를 느끼기도 했습니다. 그런 환경 가운데서 40년을 방랑했던 이스라엘 백성들을 생각했고, 또한 중대한 고비를 만날 때마다 광야나 사막으로 나가 기도했던 믿음의 선조들을 생각했습니다.

　성경에서 사막과 광야는 특별한 장소입니다. 그곳은 무엇보다도 하나님을 만나는 곳입니다. 우연히 광야로 나갔다가 하나님을 만난 사람들도 있고, 하나님을 더 깊이 만나기 위해 광야로 나간 사람들도 있습니다. 광야가 이처럼 특별한 의미를 지닌 까닭에 주님도 유대 광야에서 40일 동안 금식하며 기도하셨고, 초기 교회에는 사막에서 수도하는 '사막의 교부들'이 있었습니다.

　유대 광야와 요르단의 광야를 밟는 제 마음은 아주 특별했습니다. 하나님을 더 깊이 만나고 싶은 열망 때문입니다. 돌산에 만들어진 굴을 볼 때면 그곳에 자리잡고 기도에 전념해 보고 싶고, 광야에 텐트를 치고 며칠 살아 보고 싶기도 했습니다. 말만 통한다면 광야와 돌산을 돌아다니며 양을 치는 베두인들과 함께 지내 보고 싶기도

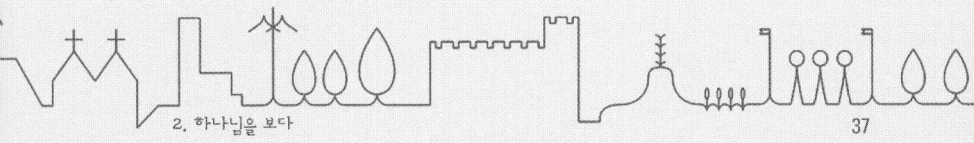

했습니다. 하늘과 땅, 그 외에는 아무것도 없는 그곳에 며칠만 있으면 얼굴과 얼굴을 맞대고 하나님을 만날 수 있을 것만 같았습니다.

하갈 이야기

성경에는 광야에서 하나님을 만난 이야기가 많습니다. 그중에서도 내가 제일 좋아하는 것이 하갈 이야기입니다. 창세기 16장에 처음 등장하는 하갈은 이집트 여자입니다. 사정은 알 수 없지만, 하갈은 가족과 친척을 떠나 멀고 낯선 땅에서 종살이를 해야 했습니다.

어느 날 주인 사래가 긴히 할 말이 있다며 부릅니다. 하갈은 사래의 청을 듣고 깜짝 놀랐을 겁니다. 자기 대신 남편의 아들을 낳아 달라니 말입니다. 지금은 종으로 살고 있지만, 하갈에게도 언젠가 백마 탄 왕자님을 만나 아름다운 가정을 꾸려 보고 싶은 꿈이 있었을 것입니다. 그 꿈을 산산이 깨뜨리는 제안입니다. 주인어른의 나이가 85세입니다. 아직 아이를 생산할 수 있을 만큼 건강하다고는 해도, 그 노인에게 평생을 바칠 수는 없는 일이었습니다.

하갈은 이 제안을 받고 많은 고민을 했을 것입니다. 주인의 제안이니 거절했다가는 미움 받아 쫓겨날지도 모를 일입니다. 인자한 아브람의 사랑을 받는 것도 나쁜 일은 아니지만, 그 할아버지가 세상

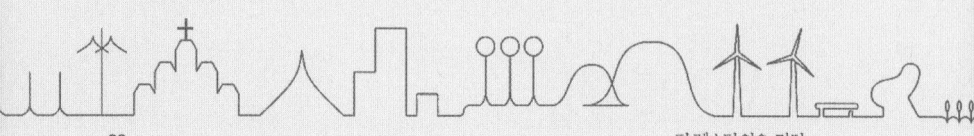

을 떠나면 자신은 어쩌란 말입니까? 자신이 아들을 낳는다 해도 상속자로서 제대로 대접을 받을지, 장담할 수 없었습니다. 또한 자신은 흠 있는 여자가 되어 제대로 된 결혼 한 번 못할 것이 뻔합니다.

며칠이 걸렸을까요? 하갈은 마침내 사래의 제안을 받아들입니다. 사래가 기대한 대로, 얼마 지나자 하갈의 몸에 태기가 보였습니다. 그런데 문제가 생깁니다. 아이가 생긴 것이 분명해지자 하갈의 말과 행동이 사래의 눈에 거슬리기 시작합니다. 정확한 사정은 알 수 없지만, 하갈의 태도가 어느 정도는 달라졌을 것입니다. 종에서 첩으로 신분이 바뀌었고, 게다가 정실부인이 가지지 못하는 아이도 가졌으니 말과 표정과 몸짓에서 변화가 일어났을 것입니다. 지나치다면 문제겠지만, 어느 정도까지는 나무랄 일이 아니었습니다. 그런데 사래는 그것을 그냥 두고 보지 못합니다.

결국 사래는 아브람을 볶기 시작합니다. 사래가 남편에게 말합니다. "내가 받는 이 고통은, 당신이 책임지셔야 합니다"[5절]. 매일, 아니 하루에도 몇 번씩 그렇게 들볶았을 것입니다. 자신이 시작해 놓고서 그 책임을 남편에게 돌립니다. 그때 아브람이 어떻게 행동합니까? 아들을 주시겠다는 하나님의 약속을 분명히 기억하고 있었을 텐데 하갈과 동침하여 자식을 얻자는 사래의 제안에 군말 않고 순종한 터였습니다. 그로 인해 문제가 생기자 사래가 다시 그 책임을 아브람에게 덮어씌우고 있습니다. 그런데도 아브람은 아무 말도 하지 않고 아

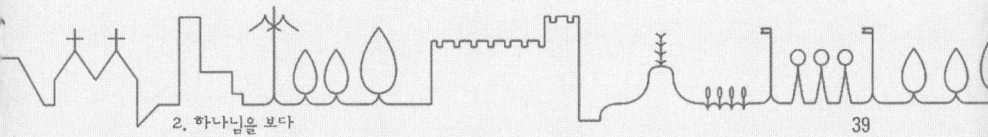

내가 하갈을 마음대로 하도록 허락합니다. 아브람은 모든 주체적 판단을 내려놓고 아내가 시키는 대로 눈 감으라면 감고 뜨라면 뜹니다. 나이가 들면 다 이렇게 되나 봅니다.

그로 인해 애꿎게 하갈만 고통받습니다. 사래의 견딜 수 없는 학대를 받는 하갈의 고통이 어떠했을까요? 얼마나 억울했을까요? 얼마나 분했을까요? 자기가 원한 것도 아닌데, 부탁할 때는 언제고 이럴 수가 있단 말입니까? 사사건건 시비를 걸어 꼽박을 하니 견딜 수가 없습니다. 그대로 있다가는 자신의 생명도 자식의 생명도 보존할 수 없다고 느낀 하갈은 마침내 가출을 결심합니다.

광야에서 찾아오신 하나님

당시 아브람은 가나안 땅 남쪽 브엘세바에 살고 있었습니다. 그곳에서 시나이 반도를 지나면 이집트로 이어집니다. 브엘세바에서 이집트로 향하는 길목에는 거대한 사막이 놓여 있습니다. 상상해 보십시오. 임신한 여인이 아무런 보호 장치도 없이 홀로 그 광막한 사막을 걷고 있습니다. 나는 와디 럼의 모랫길을 걸으면서 하갈을 생각해 보았습니다. 그때 그의 절망이 얼마나 깊었을까요?

하갈은 광야를 지나가다 샘을 발견하고 그곳에서 목을 축였습니

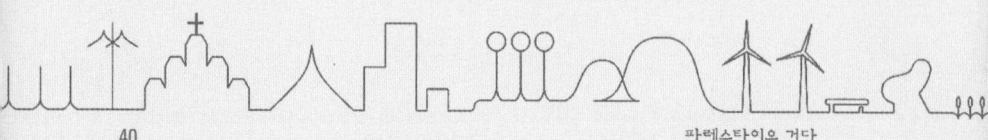

다. 정신없이 그곳까지 왔
는데, 물을 마시고 정신
을 차려 보니 갈 곳이 없
습니다. 미혼모의 몸으로
빈털터리로 고향에 갈 수
도 없고, 다시 사래의 집
으로 들어갈 수도 없습니
다. 임신한 몸으로 광야
에서 터를 잡고 살 수도

• 브엘세바와 이집트 사이에는 거대한 사막이 놓여 있다.

없습니다. 하갈은 그제야 자신의 절망적인 운명을 깨달았습니다. 그는 그 광야에서 꼼짝없이 죽어야 할 운명이었던 것입니다.

하갈은 자신의 처량한 신세 때문에 많이 울었을 것입니다. 무방비 상태인 자신을 누가 해치지나 않을까 두려웠을 것입니다. 배는 고프고 몸은 아팠을 것입니다. 그렇게 울다 지쳐 잠시 잠에 빠져들었는지도 모릅니다. 그때 주님의 천사가 그를 찾아와 묻습니다. "사래의 종 하갈아, 네가 어디서 와서, 어디로 가는 길이냐?"[8절] 하갈은 말하는 사람이 누구인지도 모르면서 엉겁결에 대답합니다. "나의 여주인 사래에게서 도망하여 나오는 길입니다"[8절].

여기서 잠시 멈추어 생각해 봅시다. 하갈은 이방인이요 또한 종입니다. 하나님께 선택받은 아브람과 사래와는 차원이 다르고 계급

이 다릅니다. 아마도 하갈은 집에서 사래와 아브람이 하나님을 예배하는 모습을 보았을 것입니다. 하지만 그 하나님이 자신과 상관있는 분이리라고는 상상도 하지 않았을 것입니다. 그런데 그 하나님이 하갈을 찾으신 것입니다. 하갈은 자신을 찾아온 분이 누구인지 깨닫고 얼마나 놀랐을까요? 자신과는 전혀 상관없는 줄 알았고 자신을 기억할 줄은 꿈에도 몰랐던 그 하나님이 그를 찾으신 것입니다. 그러고는 그의 사정을 물으십니다. 하갈은 너무도 감격하여 자신의 처지를 털어놓습니다. 그러자 하나님의 천사는 이해할 수 없는 말을 합니다. "너의 여주인에게로 돌아가서, 그에게 복종하면서 살아라."9절.

이 대목에서 하갈은 큰 충격을 받았을지도 모릅니다. 자신을 위로하러 온 줄 알았더니 그게 아니었습니다. 불의한 주인을 벌하기는커녕 그 주인을 두둔하고 주인에게 복종하라니, 이게 무슨 말입니까? 하갈의 흥분은 한순간에 배신감으로 바뀌었을 것입니다. 그런데 천사가 말을 잇습니다.

내가 너에게 많은 자손을 주겠다. 자손이 셀 수도 없을 만큼 불어나게 하겠다. (10절)

하나님이 하갈에게 다시 사래의 집으로 돌아가라고 한 것은 사래를 위해서가 아니라 하갈 자신을 위한 것이었습니다. 하나님은 장차 낳을 아들의 이름을 알려주면서 덧붙이십니다.

> 네가 고통 가운데서 부르짖는 소리를 주님이 들으셨기 때문이다. (11절)

하갈은 제 발로 다시 사래의 집으로 돌아간다는 것이 죽기보다 싫었을 것입니다. 하지만 돌아갈 용기와 이유가 생겼습니다. 하나님을 만났기 때문입니다. 타국에 혼자 살고 있다고 생각했지만, 이제는 혼자가 아님을 알았습니다. 하나님이 자신을 알고 계셨고 고난 중에 찾아오셨습니다. 그리고 약속을 주셨습니다. 그 약속에 대한 믿음이 하갈로 하여금 일어나 오던 길을 돌아가게 만들었습니다.

자신도 통제할 수 없는 삶의 형편 때문에 광야로 쫓겨 나갔을 때, 그는 하늘과 땅에 홀로 내버려진 것 같았을 것입니다. 하갈에게 광야는 절망의 땅이었습니다. 끝없이 이어진 황토색 광야와 사막은 말 그대로 절망과 죽음을 상징합니다. 실상, 하갈은 그 광야에서 꼼짝없이 죽을 운명에 처해 있었습니다.

그런데 그 광야가 하나님을 만나는 곳이었습니다. 물론, 하나님은 어디에나 계시기에 어디서나 하나님을 만날 수 있습니다. 하지만 광야는 하나님을 만나기에 가장 좋은 곳입니다. 광야, 즉 절망과 죽음의 땅에서 우리는 비로소 하나님께 간절해지기 때문입니다.

하갈은 주인이 믿는 그 하나님을 알지는 못했지만, 하늘을 향해

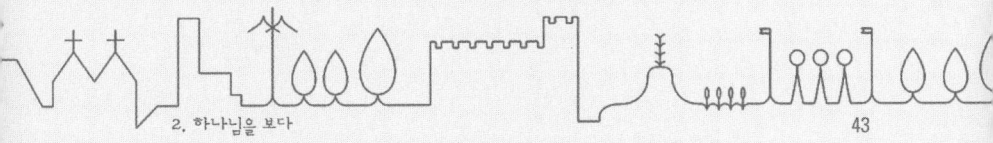

호소했을 것입니다. 누가 있으면 좀 나와 보라고! 하갈이 사막 한가운데서 고통에 빠져 누군지도 알지 못하는 신을 향해 호소했을 때, 하나님의 천사가 그를 찾은 것입니다. 그 순간, 절망과 죽음의 땅이었던 광야는 희망과 생명의 땅으로 바뀌었습니다.

하갈이 집으로 돌아갔을 때 형편은 좀 어땠을까요? 달라진 것은 아무것도 없었을 것입니다. 사래의 학대가 더 심해졌을지 모릅니다. 하지만 하갈은 그 모든 모욕과 학대를 참아 낼 수 있었습니다. 믿는 데가 있었기 때문입니다. 광야에서 자신을 만나 주신 하나님이 약속을 이루실 것이라고 믿었기 때문입니다. 그래서 고난을 견딜 수도 있었고, 자신을 괴롭히는 주인을 참아 내고 용서할 수도 있었습니다. 광야는 그런 곳입니다.

또 하나의 광야 이야기

와디 럼 사막 여행을 시작하기 전에 우리는 요르단 최남단의 아카바에서 하룻밤을 지냈습니다. 전날 강행군을 한 탓에 그날은 조금 늦게 출발하기로 하고 느긋하게 아침을 먹고 대화를 나누었습니다. 우연히 어떤 교우 한 분과 따로 마주 앉게 되었는데, 일상적인 것으로 시작한 대화가 시간이 갈수록 깊어졌고 그분은 어릴 적 아픈 기억

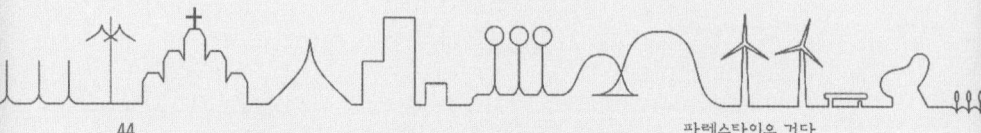

을 담아 둔 이야기보따리를 풀었습니다.

그분은 시골에서 태어나 6남매의 막내로 자랐는데, 불행하게도 초등학교 5학년 때 어머니를 잃었습니다. 한국전쟁 당시 피신한 아버지가 숨은 곳을 알아내려고 인민군들이 어머니에게 지독한 고문을 가했고, 어머니는 그 후유증으로 시름시름 앓다가 몇 년 후 세상을 떠나셨습니다. 어릴 때부터 교회에 다녔던 그분은 어머니가 꼭 살아 돌아오리라 믿었습니다.

그런데 어머니가 세상을 떠난 지 일 년도 되지 않아 아버지가 재혼을 합니다. 소년은 어린 마음에 그 사실을 받아들일 수 없어 혼인 잔치 중에 행패를 부렸고, 그날부터 새어머니와의 기나긴 갈등이 시작되었습니다. 당시 형들은 모두 도시에 나가 공부를 하고 있었는데, 새어머니가 들어온 다음부터 아버지는 그에게 농사를 지으며 이복 동생들 뒷바라지를 하라고 하십니다. 그러나 소년은 공부를 포기하고 싶지 않았습니다. 중학교를 졸업할 즈음 고등학교 입학 시험만이라도 보게 해 달라고 졸랐지만, 돌아오는 대답은 동일했습니다.

사정을 딱하게 여긴 친구가 고등학교 입학원서를 사다 주었습니다. 소년은 아버지 몰래 원서를 써서 학교에 보냈고, 시험 날에는 버스를 타고 가서 시험을 치릅니다. 당시에는 사흘간 시험을 보았는데, 첫날 시험을 마치고 와서 아버지에게 그 사실을 알립니다. 아버지는 어쩔 수 없다고 생각하셨는지, 다음 날 쌀 한 말을 자루에 싸서 아

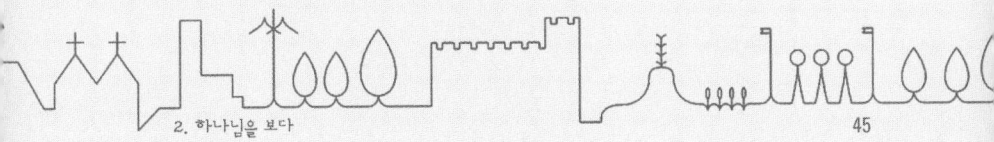

들에게 지워 줍니다. 그 도시에 친척집이 있으니 그 쌀을 주고 하룻밤 묵고, 셋째 날 시험까지 보고 오라는 뜻이었습니다.

둘째 날 소년은 쌀 한 자루를 책상 옆에 두고 시험을 치릅니다. 마치고 친척집으로 가려는데 발걸음이 떨어지지 않습니다. 자신에 비해 모든 것을 누리고 있는 그 집 아이를 생각하니, 차마 쌀자루를 들고 그 집에 들어갈 수 없었습니다. 소년은 쌀자루를 옆에 두고 학교 교정에 한없이 앉아 있었습니다. 어둑어둑해지자 수위가 와서 나가라 합니다. 학교를 나오니 갈 데가 없어, 마음이 끌리는 대로 간 곳이 기차역이었습니다.

추운 밤 열네 살 소년이 대합실에 쌀 한 자루를 옆에 놓고 생각합니다. 어디로 갈까? 이 길로 서울로 갈까? 그래서 되는 대로 살아 볼까? 한편으로는 겁이 났고, 또 한편으로는 그것이 자신을 괴롭히는 모든 사람에게 복수하는 길처럼 보였습니다. 하지만 그러면 인생은 영영 망가지는 것입니다. 집으로 돌아갈까? 하지만 도무지 용기가 나지 않았습니다. 더 이상 집안의 문제아로 살기 싫었습니다

그때, 소년의 뇌리를 스치는 생각이 있었습니다. 새어머니로 인해 몹시 괴로울 때 교회 전도사님을 찾아가 불평을 한 적이 있었습니다. 새어머니를 아버지에게 소개하여 결혼을 시킨 분이 그분이기 때문입니다. "어쩌자고 저런 사람을 새어머니로 보내서 나를 이렇게 힘들게 합니까?" 하고 따지는 소년에게 전도사님은 이렇게 말씀하셨습

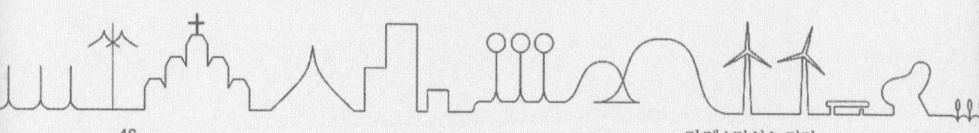

니다. "네 어머니가 그렇게 몸이 불편하고 아파도 돌아가시기 직전까지 새벽기도회에 나와 기도하셨어. 너무 안타까워서 '몸이 불편하니 그만 나오시라'고 말씀드렸더니, 네 어머니가 그러시더라. '내가 열 살짜리 아들을 두고 가야 하는데, 하나님밖에 누구를 의지하겠어요. 그래서 이렇게 기도하는 거예요.' 네 어머니가 너를 위해 그토록 기도하셨어. 그러니 하나님이 분명 네 어머니의 기도를 들으시고 너를 책임져 주실 거야. 그러니 참고 견디거라."

아, 그 절체절명의 순간에 그 대화가 떠오른 것은 천사의 음성과 같았습니다. 그 대화를 기억하는 순간, 소년에게는 믿음이 생겼습니다. '내 어머니가 생명을 바쳐 나를 위해 기도했다면, 그 하나님이 나를 그냥 두실까? 전도사님의 말씀대로 하나님이 내 어머니의 기도를 들으시고 나를 인도해 주실 것 아닌가?' 하루 종일 먹지도 못하고 피곤에 지친 몸이었지만, 생각이 거기까지 미치자 새로운 힘이 생기는 것 같았습니다. 그리고 다시 집으로 돌아가 아버지와 새어머니를 대면할 용기가 생겼습니다. 그렇게 열네 살의 어린 소년은 아침에 지고 나온 쌀 한 자루를 다시 짊어지고 어둠 속에서 집으로 향합니다.

집으로 돌아갔을 때, 아무것도 달라진 것은 없었습니다. 늦은 밤 집에 도착하여 문을 두드리기까지 얼마나 망설였는지 모른다고 합니다. 하지만 그날부터 그분은 더 이상 가출과 탈선을 선택 사항에 넣지 않고, 어머니가 죽도록 매달려 기도했던 그 하나님을 믿고 온갖

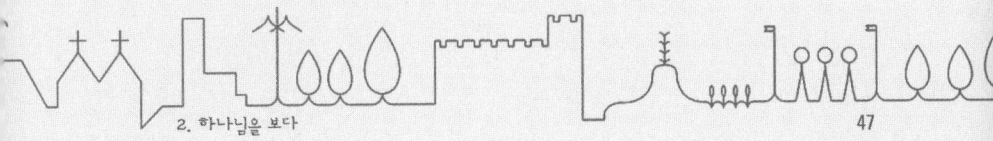

역경과 싸우며 살았습니다. 하고 싶은 공부도 했고 유학도 했으며 미국에서 꿈을 실현했습니다. 그리고 이제 나이 칠십에 그분은 "나의 나 된 것은 하나님의 은혜였습니다"라고 고백하십니다.

    나는 그 이야기를 들으며 하갈을 생각했습니다. 어쩌면 그렇게도 하갈 이야기와 닮았는지요? 나는 와디 럼 사막을 걷고 광야를 지나는 내내 하갈의 이야기와 그 교우의 이야기를 생각했습니다. 그리고 광야에서 찾아오시는 하나님을 생각했습니다.

광야로 나가라

나에게도 광야 이야기가 있습니다. 내가 인생의 광야 길을 걸을 때 하나님은 나를 찾아오셔서 나의 하나님이 되어 주셨고 또한 약속해 주셨습니다. 단 한 번이 아니라 인생길에서 만나는 매 고비마다 그렇게 하셨습니다. 그 하나님이 나를 오늘 여기까지 인도하셨고, 그렇기 때문에 그 하나님이 순례길이 끝날 때까지 나를 인도하실 줄 믿습니다. 앞으로 가야 할 길에도 광야와 사막이 있겠지만, 그때마다 광야에서 만나 주신 하나님을 기억한다면 결코 길을 잃지 않을 것입니다. 내 순례길의 마지막 지점까지 흔들리지 않고 걸어갈 것이며, 하나님은 과거와는 다른 모습으로 내게 나타나실 것입니다.

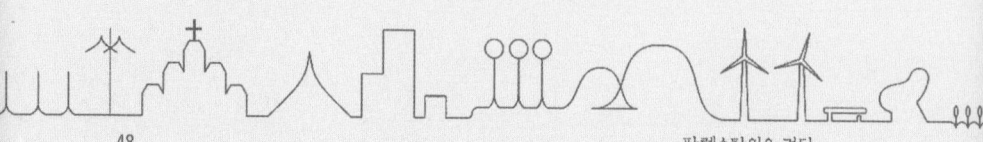

이 글을 읽는 당신에게도 광야 이야기가 있을 것입니다. 광야에서, 절망과 어둠의 땅에서 하나님을 만난 이야기가 있을 것입니다. 그 이야기를 기억해 보십시오. 그것을 기억한다면 지금 당신이 광야를 지나고 있다 해도, 길도 없는 사막 한가운데 있다 해도 걱정할 것이 없습니다. 과거에 인도하신 하나님이 지금도 인도하실 것입니다. 과거에 광야에서 만나 주신 하나님이 지금도 만나 주실 것입니다.

혹, 광야에서 하나님을 만난 경험이 한 번도 없다 여기십니까? 그럴 리가 없습니다. 자신의 힘으로 그 험한 골짜기를 지나온 것 같습니까? 몰라서 그렇지, 당신이 그동안 거쳐 온 광야와 사막과 골짜기에서 하나님은 보이지 않는 손으로 보호하시고 인도하셨습니다. 이제 겸손히 물러앉아 그 사실을 인정하고 주님을 찾을 때입니다.

하갈이 그러지 않았습니까? 광야에서 하나님을 만난 하갈은, 자신이 사래의 집에서 고통당하던 순간에도 하나님이 자신을 보고 계셨고 인도하고 계셨음을 깨달았습니다. 상상도 하지 못했던 일입니다. 그리고 나니, 그동안 혼자 힘으로 해 보기 위해 몸부림쳤던 것이 어리석게 느껴졌습니다. 그 이후로 하갈은 보이지 않는 하나님께 모든 것을 맡기고 묵묵히 자신의 길을 갔을 것입니다. 그 같은 세계관의 변화가 당신에게도 일어나기를 바랍니다. 더 이상 '혼자서도 잘해요!'라고 말하지 마십시오. 혼자서는 못합니다. 오직 주님의 임재를 인정하고 그분과 함께할 때만 제대로 하는 것이 가능합니다.

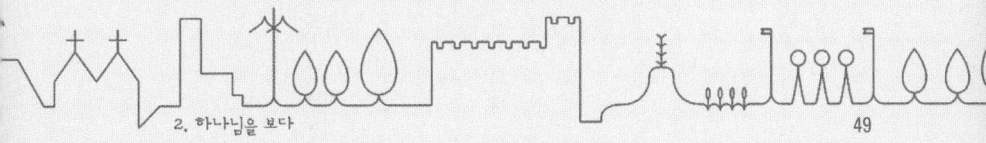

혹시 지금 당신은 사막이나 광야가 아니라 꽃동산에 살고 있습니까? 감사하시기 바랍니다. 그것은 누구나 누리는 행복이 아니기 때문입니다. 하지만 그것에 취하지는 말기를 바랍니다. 인간은 좋은 것을 보거나 가지면 그것에 취하기가 쉽습니다. 그리고 무엇인가에 취하는 순간, 우리 눈에는 하나님이 보이지 않게 됩니다. 하나님이 우리를 아무리 뒤흔들어도 알아차리지 못합니다.

그래서 우리는 자주 광야로 나가야 합니다. 큰돈을 들여 멀리 광야나 사막을 찾아 여행하라는 뜻이 아닙니다. 그럴 수 있다면 좋겠습니다만, 그보다 더 중요한 것은 내가 가진 모든 것에 눈을 감고 하나님께 눈을 뜨려고 노력하는 것입니다. 잠시라도 뜰에 나가 무장해제하고 하늘 아래 서 보아야 합니다. 아무리 많은 것을 가졌어도 실은 광야에 있는 것과 다르지 않다는 사실을 기억해야 합니다. 인생 극장의 주인공처럼 살고 있다 해도 하나님과 상관없이 살면 하룻밤에 끝나는 연극이 되고 맙니다. 하나님이 없으면 우리가 빛이라고 부르는 것이 곧 어둠이 되고, 우리가 축복이라고 부르는 것이 곧 재앙이 됩니다. 그 사실을 잊지 않으려면 자주 광야로 나가야 합니다.

그러므로 하나님을 잊지 않도록, 하나님이 전부이심을 잊지 않도록, 하나님께 모든 것이 달렸음을 기억하도록, 자주 광야로 나가야 합니다. 하나님을 얻으면 광야가 푸른 초장이 되며, 하나님을 잃으면 푸른 초장도 사막이 되고 맙니다. 하나님을 얻으면 다 얻습니다.

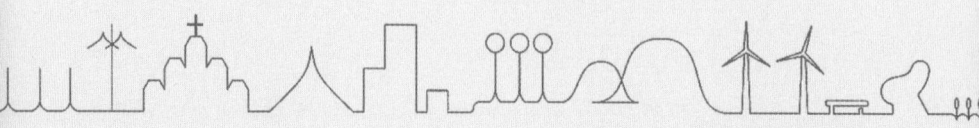

하나님을 잃으면 다 잃습니다. 바로 그것이 우리가 광야로 나아가야 하는 이유이며, 광야에서 하나님을 만난 때를 자주 기억해야 하는 이유입니다.

광야에서 하갈을 찾으신 주님,
광야에 설 때마다
저희를 찾아 주신 주님,
저희가 무엇이기에
이렇게 하십니까?
오, 주님,
저희는 그 사랑을 감당할 수 없습니다.
그래서 감사와 찬양의 예배를 드립니다.
주님,
높임 받아 주소서.
아멘.

● 묵상을 위한 질문

1. 광야에서 하나님을 만난 당신의 경험을 생각해 보십시오. 그 만남으로 어떤 변화가 일어났습니까?
2. 어떻게 하면 광야로 나갈 수 있을까요? 광야의 마음을 회복하는 방법에 대해 묵상해 보십시오.
3. 광야에 처한 사람들을 어떻게 도울 수 있을까요? 당신의 광야 경험을 비추어 생각해 보십시오.

3장
—
하나님의 마음
유대인과 아랍인

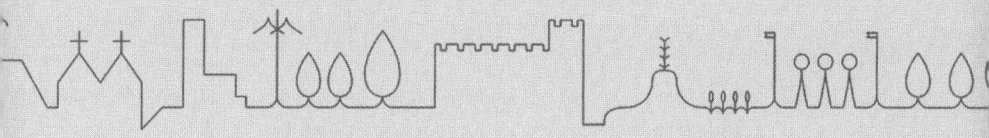

인류의 화약고

프랑크푸르트 공항에서 이스라엘의 텔아비브 공항으로 가는 비행기로 갈아타면서 나는 특별한 체험을 했습니다. 출국할 때 공항에서 필요한 모든 안전 검사를 했음에도 불구하고 나는 이스라엘 정부에서 설치한 안전 검사대를 또 한 번 통과해야 했습니다. 이스라엘 안전 요원들의 안전 검사는 미국 공항에서 하는 것보다 더 철저했고 또한 삼엄했습니다. 첫 관문에서부터 '과연 특별한 나라구나!' 싶은 마음이 들었습니다. 다음 날부터 예루살렘과 주변 지역을 돌아보면서 그곳이 인류의 가장 위험한 화약고라고 불리는 이유를 절감할 수 있었습니다.

팔레스타인 땅에서 느끼는 긴장과 갈등의 뿌리는 오랜 역사를 두고 깊어져 왔습니다만, 가장 최근의 중요한 지점을 말하자면 1947년으로 거슬러 올라갑니다. 그때 유엔 총회는 이스라엘이 팔레스타인에 국가를 재건할 수 있도록 일부 구역을 정해 주었습니다. 1917년 영국 외무장관 아서 밸푸어^{Arthur Balfour}가 팔레스타인 땅에 유대 국가를 재건하도록 돕겠다고 약속한 소위 '밸푸어 선언'이 실현된 것입니다. 이 같은 움직임에 아랍 국가들은 일제히 반기를 들고 일어났습니다. 아랍 국가의 반대를 피하기 위해 브라질이나 아프리카에 유대 국가

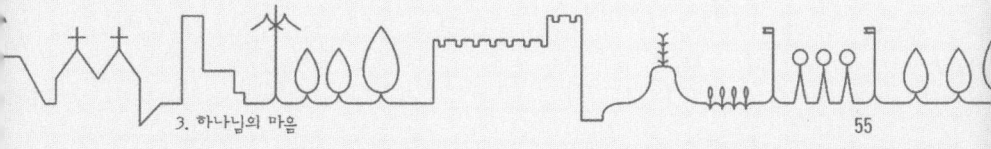

를 세우라는 제안도 나왔지만, 유대인들이 반대합니다. 그래서 결국 유엔은 팔레스타인 땅을 분할하는 방안을 채택한 것입니다.

이 결정이 내려지자 팔레스타인 내 아랍인들을 위해 주변 아랍 국가들이 단결하여 이스라엘을 공격합니다. 결국 1948년에 이스라엘과 아랍 국가 사이에 전면전이 일어납니다. 유대인들은 이것을 '독립 전쟁'이라고 부릅니다. 이집트와 시리아와 요르단 연합군이 유대인들과 싸웠는데, 10개월간의 전쟁 결과, 이스라엘은 유엔이 정해 준 구역에 더하여 팔레스타인의 아랍인에게 할애된 구역의 60퍼센트 정도를 점령합니다. 그로 인해 수많은 팔레스타인인들이 집을 잃고 다른 지역으로 이사를 하거나 난민이 되어 다른 나라로 피신해야 했습니다. 그렇게 하여 이스라엘 국가가 2천 년 만에 다시 태어납니다.

하지만 그 이후에도 이스라엘과 팔레스타인 아랍인들 사이에 크고 작은 갈등이 지속됩니다. 그러다가 1967년에 또다시 전면전이 일어납니다. 그것을 '6일 전쟁'이라고 부릅니다. 그 전쟁을 통해 이스라엘은 시나이 반도와 가자 지구 그리고 웨스트 뱅크 지역을 점령합니다. 그로 인해 이스라엘은 인접한 이집트, 요르단, 시리아 등과 끊임없는 갈등을 빚어 왔고, 이 문제를 해결하기 위해 유엔과 여러 서방 국가들이 많은 노력을 기울입니다. 그 결과 이스라엘은 1978년 '캠프 데이비드 협정'Camp David Accords에 따라 시나이 반도를 이집트에 넘겨주었고, 2005년에는 가자 지구에서 철수하기로 결정합니다. 하지만 이

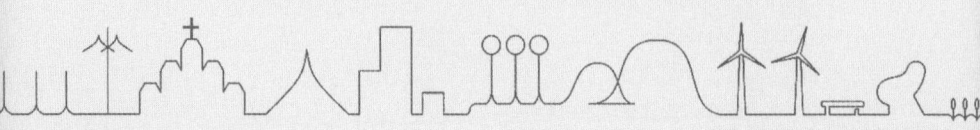

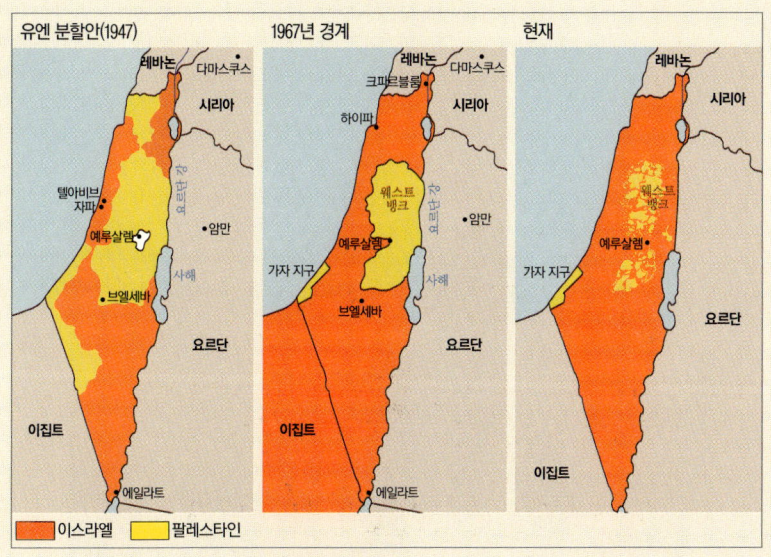

- 팔레스타인 지역 영토 경계 변화

스라엘은 약속을 어기고 여전히 가자 지구와 웨스트 뱅크 지역에 주택 사업을 벌이고 있습니다.

이런 까닭에 팔레스타인 땅은 두 구역으로, 즉 유대인 구역과 팔레스타인 구역으로 나뉘었고 '우주의 배꼽'이라 불리는 예루살렘도 유대인과 팔레스타인인들이 구역을 나누어 공존하게 되었습니다. 그리고 팔레스타인 자치 지구에는 이스라엘 정부에서 장벽을 쌓아 출입을 통제하고 있습니다. 이처럼 유대인과 팔레스타인인은 언제든 깨질 수 있는 긴장 관계 속에 살고 있습니다. 게다가 그 갈등에 서방 국가들이 개입해 이제는 국제적 차원에서 이슬람 국가와 기독교 국

- 주기도문 교회 내부의 모습. 교회 벽에 세계 각국의 주기도문이 전시되어 있다. 우리말 주기도문은 세 개(천주교 번역, 개역성경 번역, 새번역)가 전시되어 있다.

- 주기도문 교회 입구의 개인 주택. 아랍인 구역에 있는 이 집을 어느 유대인이 구매하여 이스라엘 국기를 높이 걸어 두고 있다.

가의 대결처럼 상황이 변해 가고 있습니다.

예루살렘에 가면 순례자들이 꼭 방문하게 되는 '주기도문 교회'가 있습니다. 이 교회는 예수님이 주기도문을 가르친 장소로 알려진 곳에 세워진 것으로, 세계 각국의 언어로 주기도문이 기록되어 있습니다. 바로 이 교회 주변이 팔레스타인인들이 사는 지역입니다. 그런데 이상하게도 이 교회 바로 앞에 있는 집에 거대한 이스라엘 국기가 걸려 있었습니다. 우리를 안내하신 분이 설명해 준 사연은 이러합니다. 팔레스타인 지역에 있는 사람들은 절대로 유대인에게 집을 팔지 않는데 몇 년 전 그 집 주인이 유대인에게 거액의 돈을 받고 그 집을 팔고는 잠적해 버렸다고 합니다. 이후 그는 여리고 부근에서 아무도 모르게 살해되었고, 그 집을 산 유대인은 팔레스타인인들 보란 듯이 자기 집에 이스라엘 국기를 높이 세워 두었다는 것입니다. 팔레스타인 땅의 현실을 잘 보여 주는 매우 강력한 상징이라 느꼈습니다.*

● 현지 가이드의 설명은 분별력을 가지고 들어야 합니다. 특히 이스라엘과 아랍권의 관계에 대한 이야기는 한 편에서 악의적으로 만들었거나 과장되었을 가능성이 있으며, 이 이야기도 사실 확인이 필요한 것임을 밝힙니다.

꼬이고 꼬인
실타래처럼

진도를 더 나가기 전에 이 지점에서 약간의 설명이 필요합니다. 아랍권 혹은 중동 문제에 대해 혼동하고 있는 사람들이 많기 때문입니다.

- 팔레스타인^{Palestine}: 우리가 '가나안' 혹은 '이스라엘' 땅이라고 알고 있는 지역, 즉 요르단 강과 지중해 사이에 있는 땅을 가리킵니다. 주후 132년에 일어난 유대 반란을 진압한 후 하드리아누스 황제가 '팔레스타인'을 공식 지명으로 정합니다. 유대적 색채를 완전히 지워 버리려는 뜻이었습니다.
- 팔레스타인인^{Palestinians}: 오래도록 팔레스타인 땅에 살아온 사람들의 후손을 가리킵니다. 다양한 종족이 뒤섞여 살던 곳이어서 어느 한 인종의 후손이라고 할 수는 없습니다 7세기 이후에 무슬림의 통치를 받았기 때문에 문화적으로는 아랍권이고 종교적으로는 무슬림이 다수입니다. 이들 중에는 여전히 팔레스타인 땅에 사는 사람들도 있고, 다른 나라에 피신하여 사는 사람들도 있습니다. 해외에 피신한 이들은 대부분 이스라엘의 '독립 전쟁'과 '6일 전쟁' 때 쫓겨난 사람들입니다. 과거에는 전체

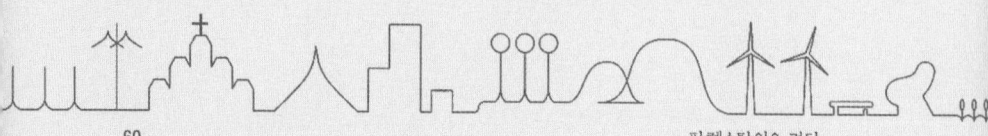

인구 중 그리스도인이 20퍼센트가 넘었는데, 박해로 인해 계속 이주하여 지금은 5퍼센트 정도만 남았다고 합니다.

- 아랍인^{Arabs}: 원래는 아라비아 반도에 살던 민족을 가리키는 말이었지만, 7세기 이후에는 아랍 문화권 안에 살며 아랍어를 사용하는 사람을 가리키는 말이 되었습니다. 지금 '아랍인'이라는 말은 더 이상 인종을 가리키는 말도, 종교를 가리키는 말도 아닙니다. 아랍인들은 다수가 무슬림이지만 그들 중에는 유대교인도 있고 기독교인도 있습니다. 7세기 이후에 무슬림이 중동과 아프리카를 점령한 결과로 아랍어가 공용어로 확산되었고 이슬람으로 개종하는 사람들이 많아졌습니다. 아랍어는 지금 세계에서 가장 많이 사용되는 언어 중 하나가 되었습니다.
- 무슬림^{Muslim}: 이슬람 신앙을 가진 사람들을 가리킵니다. 아랍인들 중에 무슬림이 다수이기는 하지만 다른 종교를 따르는 이들도 있습니다.

주후 70년 예루살렘의 함락과 함께 유다는 로마에 의해 완전히 멸망합니다. 주후 132년에 또 다른 유대인 반란이 일어나 국가 재건을 꾀했지만 하드리아누스 황제에 의해 잔인하게 진압되었습니다. 그 이후 유대인들은 뿔뿔이 흩어졌고 팔레스타인에 남은 유대인들도

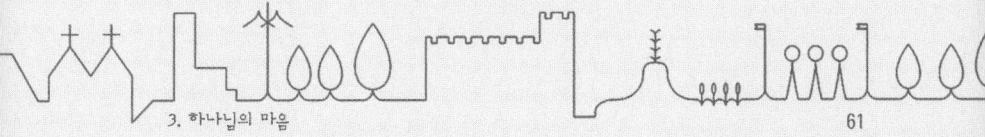

지속적인 박해를 받고 살았습니다. 그러는 사이 가나안 땅은 팔레스타인인들의 거처가 되었습니다. 주후 7세기에 무슬림이 팔레스타인을 점령한 이후 팔레스타인인들은 아랍어를 사용하게 되었고 이슬람 신앙을 받아들입니다. 그래서 팔레스타인인들의 다수가 무슬림이 되었습니다.

오래도록 무슬림 제국의 지배를 받았던 팔레스타인은 제1차 세계대전이 끝난 후 1920년부터 영국이 통치합니다. 이때부터 서방 세계에 흩어져 살던 디아스포라 유대인들이 팔레스타인으로 돌아가 터전을 잡기 시작합니다. 얼마 후에는 '시온주의 운동'Zionist Movement이 생겨나 이스라엘 국가 건설에 대한 논의로 귀결되었고, 마침내 유엔 총회의 결의에 힘입어 1948년에 이스라엘이라는 국가가 다시 생겨난 것입니다.

유대인들 편에서는 하나님이 조상에게 주신 땅을 되찾는 것이었지만, 팔레스타인인들의 편에서 보면 황당한 일이었습니다. 이천 년 가까이 대를 이어 살던 땅에 낯선 사람들이 쳐들어와서 '이 땅은 우리 조상이 살던 땅이니 물러가라!'고 말한다면 얼마나 황당하겠습니까? 그것도 최신식 무기로 밀고 들어와 사람을 학살하고 밀어낸다면, 당하는 사람들의 심정은 어떻겠습니까? 궁지로 내몰린 팔레스타인인들은 멀리 시리아, 요르단, 사우디아라비아 혹은 이집트로 피신하여 난민으로 살아가거나, 팔레스타인 땅 안에 있는 자치 지구에

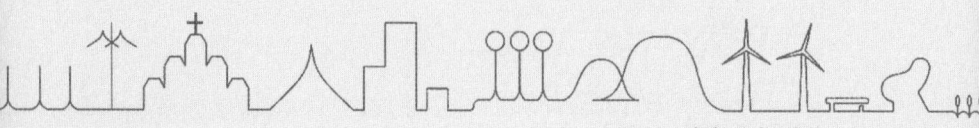

모여 살고 있습니다.

그리스도인들은 이스라엘의 시각에서 중동의 사태를 바라보는 경향이 강합니다. 내가 어릴 적에 목사님들은 이스라엘 국가 재건에 대해 설교할 때 그것이 하나님의 섭리요 축복이라고 하나같이 말씀하셨습니다. 그래서 한국 그리스도인들은 이스라엘의 폭력과 만행에는 너그럽고 팔레스타인인의 아픔에 대해서는 어쩔 수 없는 일이라고 생각하는 경향이 있습니다. 그렇기 때문에 성지순례를 할 때도 유대인들의 뛰어난 점에만 감탄할 뿐, 팔레스타인인들의 한숨과 절망에 대해서는 별로 생각하지 않습니다.

팔레스타인에 머무는 며칠 동안 나는 유대인에게 고용되어 일하는 팔레스타인인들을 주의 깊게 볼 수 있었습니다. 우리가 탄 버스의 기사도 팔레스타인인이고, 머물렀던 호텔에서 시중드는 사람들도 팔레스타인인들이었습니다. 방문하는 곳마다 값싼 기념품을 들고, 관광객에게 배운 짧은 한국말로 "싸다, 싸! 한 개 1달러!" 하고 외치는 사람들도 팔레스타인인들이었습니다. 같은 땅에 살지만 이스라엘 국민과는 비교할 수 없이 가난한 형편에서 살고 있는 그들을 보며 많은 생각이 들었습니다.

둘째 날에는 예루살렘의 아랍인 구역에서 점심을 먹고 나오다가 예상치 못한 일을 당했습니다. 일행을 버스에 올려 보내고 차에 오르기 위해 돌아서는데 뒤에서 무엇인가가 날아오더니 제 옆구리를

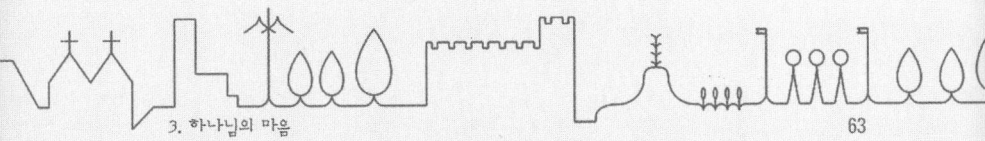

스치고 바닥에 떨어집니다. 황급히 돌아보았지만 그것을 던진 사람은 종적을 감춘 뒤였습니다. 땅에 떨어진 것은 비닐 안에 든 얼음 덩어리였습니다. 정통으로 맞지 않아 다행이다 싶었지만, 문득 제3자에게까지 한을 품을 수밖에 없는 팔레스타인인들의 한이 그렇게 표현된 것은 아닐까 하는 생각이 들었습니다.

하갈과 이스마엘

그렇기 때문에 성지순례는 우리를 아주 어려운 질문 앞에 세웁니다. 이스라엘과 아랍권 국가의 갈등을 보면서 어떤 입장에 서야 할까? 그리스도인은 항상 이스라엘을 두둔하고 지원해야 할까?

이 질문에 답하는 과정에서 하갈과 이스마엘의 이야기가 매우 중요하게 부각됩니다. 그리스도인들이 이스라엘에게는 너그럽고 팔레스타인에게는 묘한 거리감과 심지어 적대감을 가지는 가장 큰 이유가 이 이야기에 대한 해석과 깊은 관계가 있기 때문입니다.

우리는 앞 장에서 하갈의 이야기 중 일부를 다루었습니다. 사래에게 대리모 역할을 부탁받은 하갈이 임신을 하고 도리어 사래의 학대에 시달리다 집을 뛰쳐나갑니다. 브엘세바와 이집트 사이 광야를 정신없이 헤매다 샘물가에서 하나님을 만난 하갈은 약속의 말씀을

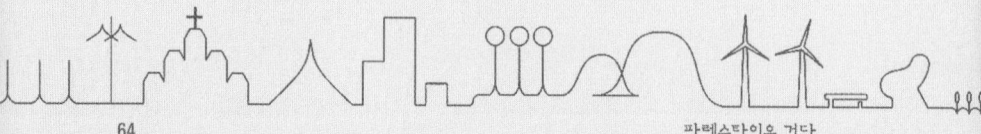

받아 다시 사래의 집으로 돌아가 살게 됩니다.

  그로부터 16년 정도 후에 일어난 사건이 창세기 21장에 기록되어 있습니다. 사건은 이삭이 젖을 뗄 때 즈음에 일어납니다. 옛날에는 두세 살까지 젖을 먹였으니 아마 이스마엘이 열여섯 살쯤 되던 때일 것입니다. 아브라함(하나님이 '아브람'이라는 이름을 '아브라함'이라고 고쳐 주신 후의 일입니다)이 이삭을 위해 큰 잔치를 벌입니다. 그때 이스마엘이 이삭을 놀리는 것을 사라('사래'도 '사라'라는 새 이름을 받았습니다)가 보게 됩니다. 그것을 그냥 두고 볼 사라가 결코 아니기에, 사라는 또다시 아브라함을 들볶습니다. 이스마엘과 하갈을 내쫓으라는 것입니다. 당시 풍습으로 하면, 이스마엘이 첫째 아들이므로 자기 아들 이삭보다 더 많은 유산을 받게 되어 있었습니다. 그러니 이스마엘을 그대로 두었다가는 자기 아들 이삭에게 큰 해가 생길 것이라고 걱정했던 것입니다.

  아내가 하라는 대로 무엇이든 하는 아브라함이었지만 이번에는 주저하며 고민했습니다. "그러나 아브라함은, 그 아들도 자기 아들이므로 이 일로 마음이 몹시 괴로웠다"[21:11]고 되어 있습니다. 그렇다고 아내의 뜻을 거역할 수도 없었습니다. 그때 하나님이 아브라함에게 이해하기 어려운 말씀을 하십니다. 사라의 청대로 하갈과 이스마엘을 내보내라고 말입니다. 아브라함은 또 아무 말 없이 다음 날 일찍 약간의 음식과 한 가죽부대의 물을 하갈에게 주어 내보냅니다.

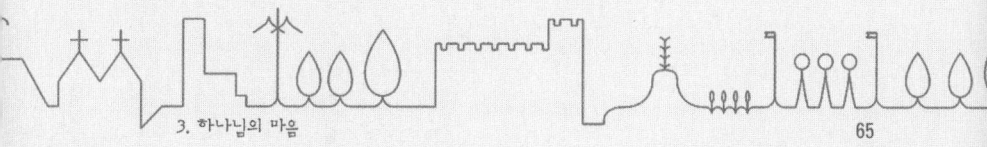

집을 나온 하갈과 이스마엘은 "브엘세바 빈 들에서 정처 없이 헤매고 다녔다"14절고 되어 있습니다. 그러는 동안 음식도 물도 다 떨어집니다. 자세한 내막은 알 수 없지만, 이스마엘이 어머니보다 먼저 탈진했습니다. 하갈은 아들을 덤불 아래에 뉘어 놓습니다. 15절의 '뉘어 놓았다'는 말은 정확하게 번역하면 '던져 놓았다'는 뜻입니다. 시체를 구덩이에 던져 넣을 때 사용하는 단어입니다. 이 단어가 사용된 것을 보면 하갈은 이스마엘이 죽음 앞에 놓였다고 생각했던 것 같습니다.

하갈은 아들에게서 멀리 떨어져 앉아 참았던 통곡을 쏟아 놓습니다. 개역성경은 '방성대곡했다'고 번역합니다. 목 놓아 울었다는 뜻입니다. 하갈은 아들에게 자신의 우는 모습을 보이고 싶지 않았겠지만, 광야와 사막에서는 저 멀리서 나는 소리도 바로 옆에서 나는 소리처럼 들립니다. 죽어가고 있던 이스마엘이 어미의 통곡을 듣습니다. 그는 덤불 아래 누워 신음으로 웁니다.

그때 하나님이 그들에게 나타나십니다.

하갈아, 어찌 된 일이냐? 무서워하지 말아라. 아이가 저기에 누워서 우는 저 소리를 하나님이 들으셨다. 아이를 안아 일으키고 달래어라. 내가 저 아이에게서 큰 민족이 나오게 하겠다. (17-18절)

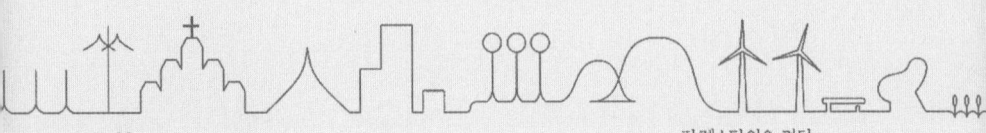

그 음성을 듣고 울음을 그쳤을 때, 하갈의 눈에 샘이 보였습니다. 눈물은 보지 못하던 것을 보게 만드는 힘이 있습니다. 그 샘물을 길어다 마신 하갈과 이스마엘은 힘을 되찾았고, 바란 광야에 자리를 잡습니다. 하나님은 하갈에게 약속한 대로 이스마엘을 지켜 주셔서 그에게서 큰 민족이 나오게 하셨습니다.

그 아이가 자라는 동안에, 하나님이 그 아이와 늘 함께 계시면서 돌보셨다. (20절)

들나귀와 같은 백성

벌써 몇 년 전입니다만, 어느 날 교우 한 분의 이메일을 받았습니다. 소그룹에서 창세기를 읽으며 공부하고 있는데, 이스마엘에 관한 부분을 읽고 의문이 생겨서 메일을 보내신 것입니다. 그분은 그때까지 이스마엘은 하나님이 약속하신 자식이 아니기 때문에 저주를 받아 내쫓겼고, 그로 인해 그 후손인 아랍인들이 지금까지 하나님의 백성들을 괴롭히고 있다고 믿어 왔다는 겁니다. 그런데 이제 창세기를 읽어 보고 하나님이 이스마엘의 후손이 큰 민족을 이루도록 하겠다고 약속하셨음을 알게 되었는데, 그렇다면 아랍인들도 하나님이 축복하

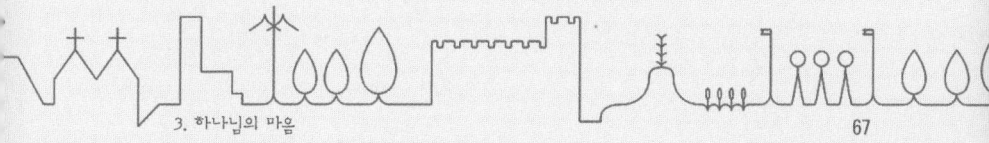

고 번성하게 하신 민족이 아니겠느냐는 질문이었습니다.

이 질문은 많은 그리스도인들이 가진 전형적 오해를 담고 있습니다. 그 오해는 크게 두 가지입니다.

첫째, 이스마엘이 모든 아랍인의 조상이라는 오해입니다. 대부분의 그리스도인들이 이스마엘이 아랍인의 조상, 심지어 무슬림의 조상이라는 식의 이야기에 익숙합니다. 그리고 무함마드가 이스마엘의 후손이라는 이야기도 많이 들어 보았을 것입니다. 하지만 이런 주장은 아랍인 전체를 공적(公敵)으로 묶고 자신의 정통성을 주장하기 위해 유대 보수주의 진영에서 만들고 이용하고 있는 논리임을 기억해야 합니다.

앞에서도 지적한 바와 같이 '아랍인'이라는 말은 특정 종족이 아니라 아랍어를 쓰는 사람 혹은 아랍 문화권에 사는 사람들을 가리킵니다. 따라서 이스마엘은 아랍인의 조상도, 무슬림의 조상도 아닙니다. 물론 무함마드가 실제 이스마엘의 후손이라는 이야기는 인정할 만한 근거가 있지만, 그렇다 해도 이스마엘이 무슬림의 조상이라고 말할 수는 없습니다. 하갈과 이스마엘은 알라가 아니라 야훼 하나님을 믿었습니다. 이스마엘의 후손은 아랍인에 포함되는 수많은 인종 중 하나입니다.

둘째, 이스마엘과 그 후손이 하나님께 버림을 받았다고 오해합니다. 창세기 16장과 21장을 제대로 읽으면 알 수 있듯이 그것은 사실

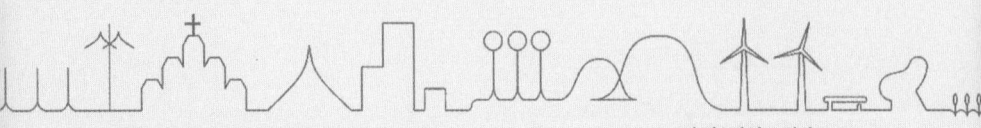

이 아닙니다. 17장에도 다시 한 번 이스마엘에 대한 하나님의 축복의 말씀이 나옵니다. 하나님이 이삭의 탄생을 예고하자 아브라함이 "이스마엘이나 하나님이 주시는 복을 받으면서 살기를 바랍니다"[18절]라고 대답합니다. 그러자 하나님이 이렇게 말씀하십니다.

> 내가 반드시 이스마엘에게 복을 주어서 그가 자식을 많이 낳게 하고 그 자손이 크게 불어나게 할 것이다. 그에게서 열두 명의 영도자가 나오게 하고, 그가 큰 나라를 이루게 하겠다. [20절]

이렇듯 이스마엘을 축복하시고 큰 민족으로 불어나게 하신다는 말씀이 16장, 17장, 21장에 세 번이나 나오는데 너무도 많은 사람들이 이 사실에 눈을 감습니다. 이스마엘은 저주받은 자식이며 그 후손인 아랍인들도 저주받아 마땅하고 그렇기에 하나님을 믿는 사람은 언제나 이스라엘 편을 들어야 한다고 오해하고 있는 것입니다.

어떤 사람들은 하나님이 이스마엘에게 주신 예언이 축복의 예언이 아니라 저주의 예언이라고 생각합니다. 다음이 그 문제의 구절입니다.

> 너의 아들은 들나귀처럼 될 것이다. 그는 모든 사람과 싸울 것이고, 모든 사람 또한 그와 싸울 것이다. 그는 자기의 모든 친족과 대결하며 살아가게 될 것이다. [16:12]

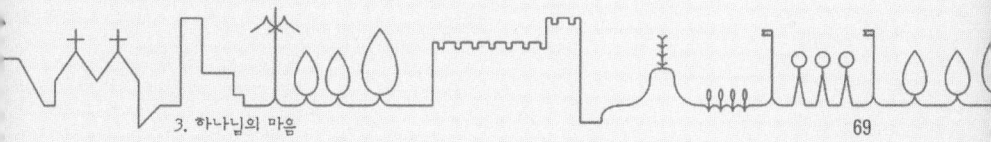

이 번역만으로 보면, 이스마엘의 후손이 가는 데마다 문제를 일으키는 테러범이 될 것이라는 예언처럼 보입니다. 아랍인들이 이스마엘의 후손이라고 전제하고 이 번역을 읽으면 하나님의 예언이 그대로 이루어진 것처럼 보입니다. 우리가 오랫동안 읽었던 개역성경의 번역은 더욱 험악합니다.

그가 사람 중에 들나귀같이 되리니, 그 손이 모든 사람을 치겠고 모든 사람의 손이 그를 칠지며 그가 모든 형제의 동방에서 살리라.

이 구절은 구약 성경 중에서도 번역하기에 가장 모호한 구절입니다. 그렇기 때문에 아랍인들, 그중에서도 호전적이고 폭력적인 아랍인들이 이스마엘의 후손이라는 선입견이 이 구절의 번역에 영향을 미칩니다. 그런 선입견을 최대한 제거하고, 원문을 있는 그대로 번역하면 이렇게 됩니다.

너의 아들은 사람들 사이에서 들나귀처럼 살게 될 것이다. 그의 손이 모든 사람에게, 모든 사람의 손이 그에게 있을 것이다. 그는 자기의 모든 친족과 함께 살 것이다. (저자 사역)

And he will be a wild ass of a man. His hand against all, the hand of all against him. He will dwell in the presence of all his kin. (저자 사역)

'들나귀'처럼 살게 된다는 말이 정확히 어떤 의미인지 학자들 사이에 논란이 있습니다만, 테러분자가 될 것이라는 뜻은 아닙니다. 중립적인 학자들은 '들나귀처럼 산다'는 말이 '강인하고 자유로운 삶을 산다'는 뜻으로 풉니다. 광야에서 유목민으로 살아가려면 그렇게 될 수밖에 없습니다. 실로, 요르단에서 만난 베두인 유목민들은 들나귀처럼 강인해 보였습니다. 하지만 그들의 눈빛은 선하기 이를 데 없었습니다. 이 구절은 그들이 다른 민족과 힘을 겨루며 한 민족으로 성장해 갈 것이라는 뜻이지, 어딜 가나 분쟁을 일으키는 문제아가 되리라는 뜻이 아닙니다.

들으시는 하나님

자, 이제 몇 가지가 분명해졌습니다. 이스마엘은 아랍인의 조상이 아니라는 사실, 그리고 무슬림의 조상은 더욱 아니라는 사실이 분명해졌습니다. 또한 이스마엘은 약속의 자녀는 아니었지만 하나님의 축복을 받았다는 사실도 분명해졌습니다. 그렇다면 우리는 이스라엘

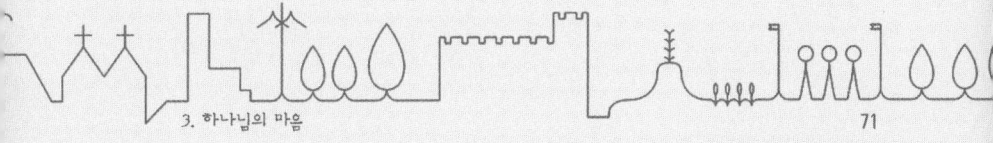

과 아랍권 국가의 갈등을 보면서 무조건 이스라엘 편을 들어서는 안 되며, 아랍인들을 저주받은 민족으로 혹은 잠재적인 테러분자로 생각해서도 안 됩니다. 모든 민족을 동등한 하나님의 백성으로 보고, 사건마다 그 자체를 놓고 판단하고 입장을 정해야 합니다. 이렇게 이스라엘과 아랍인들에 대한 모든 선입견을 내려놓고 하갈과 이스마엘의 이야기를 다시 읽으면, 이 이야기에서 비로소 성령의 음성을 들을 수 있습니다.

하갈과 이스마엘의 이야기를 읽으면서 우리는 무엇보다 하나님의 이상한 처사를 거듭 목격하게 됩니다. 사래의 핍박을 못 이겨 가출한 하갈에게 다시 주인의 집으로 돌아가라고 말씀하신 것도 지나친 처사처럼 보입니다. 그 뜻은 알겠는데, 꼭 그렇게 했어야만 했는지 의문이 듭니다.

21장에 나오는 하나님의 처사는 더욱 당황스럽습니다. 사라는 '믿음의 어머니'로 많은 이들에게 존경받고 있습니다. 하지만 사라는 미인이라는 것 외에는 별로 칭찬할 것이 없습니다. 믿음도 부족했고, 시기심과 질투심이 많았으며, 야박하고 잔인하기까지 했습니다. 그런데 하나님은 사라를 탓하지 않으시고 그 뜻을 받아 줍니다. 아브라함은 하갈과 이스마엘을 내보내면서 소량의 음식과 물 한 자루 외에는 아무것도 주지 않습니다. 20년 넘게 일한 사람을 이렇게 쫓아내는 법은 없습니다. 오늘날로 따지면 노동법에 크게 저촉될 일입니다.

사건 하나하나를 놓고 보면, 하나님의 처사는 정말 이해되지 않습니다. 힘 있는 사람들은 자기 욕심대로 행동하고, 힘없는 사람들은 그들에게 눌리고 쫓기고 털립니다. 그런데 하나님은 그 모든 것에 무관심해 보입니다. 아니, 때로는 불의한 사람들 편에 서 계신 것 같습니다. 눌리고 쫓기고 빼앗긴 사람들에게는 더 큰 고난을 감당하도록 요구하시는 것 같습니다. 인간사는 참으로 부조리하고, 하나님은 무능하시거나 무관심해 보입니다.

지금도 마찬가지 아닙니까? 더하면 더했지, 덜하지 않습니다. 힘 있는 사람들은 여전히 사라와 같고 아브라함과 같습니다. 그래서 하갈과 이스마엘이 당했던 것같이 억울하고 부당하고 피눈물 나는 일들이 자주 일어납니다. 하나님이 나타나셔서 명명백백하게 시시비비를 가려 주시면 참 좋겠습니다. 하지만 하나님이 하시는 일도 그렇게 똑 부러져 보이지 않습니다. 때로 하나님은 무력해 보이고, 때로 가진 자의 편에 서 있는 것 같기도 하고, 또 때로는 억울하게 피눈물 흘리는 사람들의 고통에 무관심한 것처럼 보이기도 합니다. 그것이 우리가 사는 세상입니다.

하지만 하갈과 이스마엘의 이야기는 그것이 전부가 아니라고 말합니다. 세상은 지금도 사라의 집처럼 혹은 팔레스타인 땅처럼 불의가 판치고 피눈물 흐르는 곳이 많지만, 하나님은 그 같은 실수와 악행과 눈물과 한숨을 엮어 결국 그분 뜻을 이루십니다. 하나님의 처

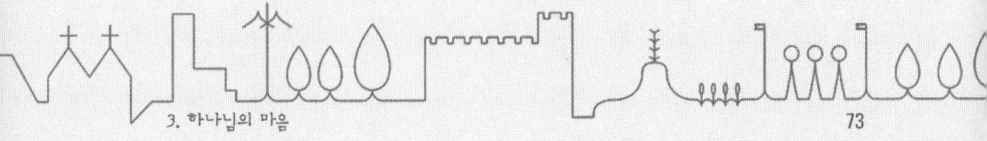

사가 이해되지 않을 때가 많지만, 그런 처사들을 통해 하나님은 사라에게, 아브라함에게, 하갈에게 그리고 이스마엘에게, 각각 세워 두신 특별한 계획을 이루어 가십니다. 야박한 사라와 무능한 아브라함 때문에 하갈과 이스마엘은 죽음의 문턱까지 이르렀지만, 그것이 그들을 들나귀처럼 단련시켜서 또 하나의 민족으로 자라가게 하는 하나님의 방법이었습니다.

'이스마엘'이라는 이름의 뜻은 '하나님이 들으신다'는 것입니다. 하나님이 광야에서 하갈의 통곡을 들으셨고, 또한 이스마엘의 신음 소리를 들으셨습니다. 하갈은 하나님을 만난 후 그분을 '보시는 하나님'이라고 불렀습니다. 하나님은 보시는 하나님이요 들으시는 하나님입니다. 때로는 모르시는 것 같고 때로는 무심한 것 같고 또 때로는 편애하시는 것 같지만, 다 보고 계시고 다 듣고 계십니다. 사라의 불의를 묵인하시는 것 같지만, 다 알고 계셨습니다. 다만, 우리가 알지 못하는 깊은 생각으로 그때는 잠시 묵인하신 것입니다.

하나님이 보고 들으신다면

우리의 하나님이 들으십니다. 우리 하나님은 보는 하나님이십니다. 우리가 사라처럼 탐욕에 눈멀어 이웃을 힘겹게 할 때, 하나님은 보

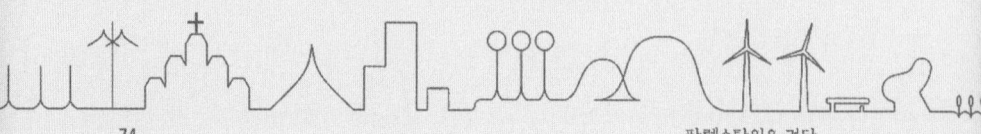

고 계십니다. 우리가 이웃에게 무심하게 악한 말을 할 때, 하나님은 듣고 계십니다. 우리가 아브라함처럼 이웃의 아픔에 침묵하거나 모른 척할 때, 하나님은 보고 계십니다. 지금 당장 하나님이 침묵하신다고 하여 하나님이 못 보시거나 못 들으신다고 오해하면 안 됩니다. 다 보고 듣고 계시고, 결국 모든 것을 바로잡으십니다. 하나님이 바로잡으시기 전에 우리 스스로 바로잡아야 합니다. 하나님의 바로잡는 손길은 '심판'이기 때문입니다.

우리의 하나님이 들으십니다. 우리의 하나님은 보는 하나님이십니다. 우리가 하갈처럼 힘 있는 사람들에게 눌리고 밀리고 빼앗길 때, 하나님은 보고 계십니다. 우리가 이스마엘처럼 다른 사람의 악의로 인해 고통당할 때, 하나님은 보고 계십니다. 우리가 아무 이유 없이 뜨거운 눈물을 흘리며 슬피 울 때, 하나님은 들으십니다. 당장 하나님이 행동하지 않으신다 하여 하나님이 없다고 생각하지 마십시오. 하나님은 무심하다고, 하나님은 정의를 모르신다고 생각하지 마십시오. 다 보고 계시고 다 듣고 계십니다. 그리고 결국 모든 것을 바로잡으실 것입니다. 그러므로 애꿎게 고난당할 때, '보시는 하나님'을 믿고 견디고 기다리십시오. 하나님이 모든 것을 바로잡고 아름답게 만드실 것입니다.

보시는 하나님, 들으시는 하나님을 믿는 사람이라면, 사라의 집과 같고 팔레스타인 땅과 같은 이 세상에서 자기의 잇속만 챙기며 살지

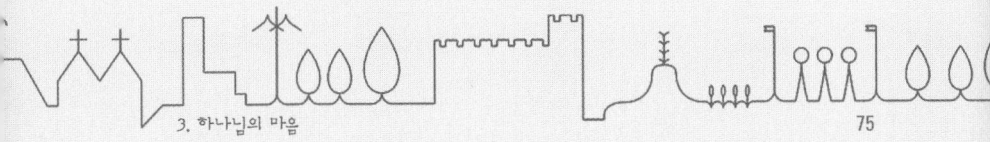

않습니다. 하나님의 눈으로 이 세상을 보고, 하나님의 귀로 이 세상의 소리를 듣습니다. 힘 있는 자들의 탐욕과 폭력을 눈여겨보고, 힘없는 이들의 한숨과 통곡을 귀담아 듣습니다. 그런 마음으로 성지순례를 합니다. 그런 마음으로 이웃을 살핍니다. 그럴 때, 주님은 우리의 생각을 인도하시고 우리의 발걸음을 인도하십니다. 이렇게 사는 사람은 스스로 정의롭게 살 뿐 아니라 더 정의로운 세상을 만들기 위해 헌신합니다.

나는 팔레스타인에서 본 유대인들의 정책과 행동에서 사라의 모습을 보는 듯했습니다. 나에게 얼음 덩어리를 던진 사람은 내가 유대인들 편에 있다고 생각했을 것입니다. 때리는 시어머니도 밉지만 말리는 시누이도 미운 것입니다. 기독교 국가에서 수많은 순례객들이 팔레스타인에 몰려오는데, 그들로 인해 유대인들만 덕을 보고 있다고 생각한 것입니다. 순례를 다녀와서 발견한 것입니다만, 팔레스타인에 사는 아랍인 그리스도인들이 안내하는 '대안 성지순례'가 있습니다. 다음에 기회가 되면 그쪽의 도움을 받아야겠다는 생각을 했습니다. 또한 앞으로 유대인과 아랍인의 갈등 문제에 대해 더 깊이 연구하고 고민하며 기도할 것을 다짐했습니다. 순례에서 돌아온 후 아랍인의 역사에 대해 몇 권의 책을 탐독하게 된 것도 그런 이유 때문이었습니다. 그 역사를 읽으면서 서양의 역사 이해에서 얼마나 아랍인들이 배제되어 왔는지 그리고 저 자신이 그들에 대해 얼마나 무지한지를 새삼 확인했습니다. 역사 앞에 회개를 한 셈입니다.

광야에서 죽어가는 이스마엘과 하갈을 찾으신 하나님의 마음을 품기 원합니다. 하나님이 그 마음을 품으셨기에 내가 하나님을 알게 되었고 구원의 은혜를 입었습니다. 그렇다면 나도 그 마음으로 세상을 보고 사람을 보아야 합니다. 하나님의 마음을 안다면 고난받고 고통받고 억압받고 착취당하는 사람들을 돌아보고 도와야 합니다. 그것이 사라의 하나님인 동시에 하갈의 하나님, 그리고 이삭의 하나님인 동시에 이스마엘의 하나님을 믿는 자의 삶의 방법입니다.

보시는 주님,

들으시는 주님,

역사를 만들어 가시는 주님,

저희 각자의 삶을 주관하시는 주님,

모든 것을 아름답게 바꾸시는 주님,

저희에게 이 믿음을 주시어

세상을 믿음의 눈으로 보게 하시고

인생을 믿음으로 걸어가게 하소서.

주님이 왕이십니다.

주님이 모든 것을 다스리십니다.

아멘.

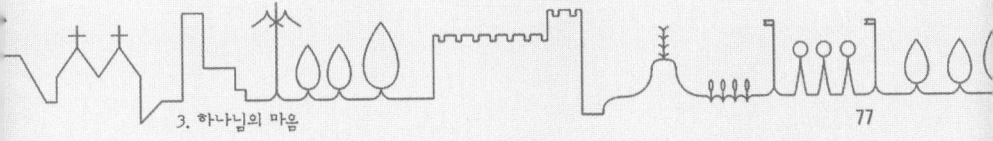

묵상을 위한 질문

1. 유대인과 아랍인들에 대해 당신은 어떻게 생각하고 있었습니까? 수정할 오해가 있다면 무엇입니까?

2. '하나님이 모든 것을 보고 듣고 계시다'는 사실을 믿습니까? 그 믿음으로 인해 당신에게는 어떤 변화가 생겼습니까? 앞으로 어떤 변화가 더 생겨야 합니까?

3. 하나님의 마음으로 세상을 보고 사람을 보는 변화가 당신에게 일어났습니까? 사라보다는 하갈에, 이삭보다는 이스마엘에 마음을 쓰는 긍휼이 당신에게 있습니까?

4장
—

광야에서 배운 것
출애굽 경로

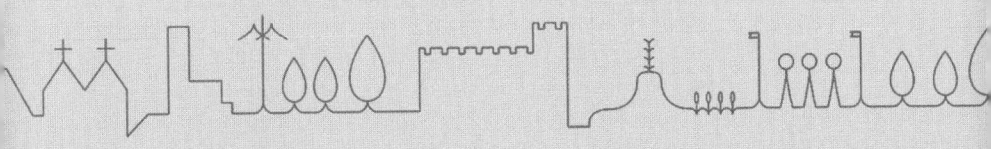

40년의 방랑

구약 성경의 다섯 번째 책인 신명기는 가나안 땅을 앞두고 모세가 모압 광야에서 이스라엘 백성들에게 한 설교입니다. 모세는 이집트에서 430년 동안 노예 생활을 하던 이스라엘 백성을 이끌고 약속의 땅 가나안으로 향합니다. 값싼 노동력을 잃고 싶지 않았던 이집트 왕은 온갖 수단을 동원해 그들을 붙잡으려 했지만 실패했습니다. 그 극적인 이야기가 출애굽기 전반부에 기록되어 있습니다.

 이집트를 나온 이스라엘 사람들의 수가 남자만 60만이었다고 합니다. 여자와 아이들은 계산하지 않았으니, 모두 합하면 백만 명은 족히 넘었을 것입니다. 이집트에서 가나안 땅 즉 지금의 팔레스타인 땅까지 가는 가장 짧은 길은 시나이 반도 서북쪽 끝에 있는 해변길을 따라 가는 것입니다. 조금 과장하여 '사흘 길'이라고 하는데, 일주일 정도면 갈 수 있습니다. 그러나 그곳에는 철기 문화를 창시한 막강한 블레셋이 자리잡고 있었습니다. 막 이집트를 탈출한 이스라엘 백성은 전쟁을 할 여력이 없었으니 블레셋과 붙어 보아야 백전백패입니다. 그래서 하나님은 우회로를 택하셨습니다.

 얼마 후 이스라엘 백성이 바란 광야에 이르렀을 때, 열두 지파에서 한 사람씩 대표를 뽑아 가나안 땅을 탐지하러 보냅니다. 가나안

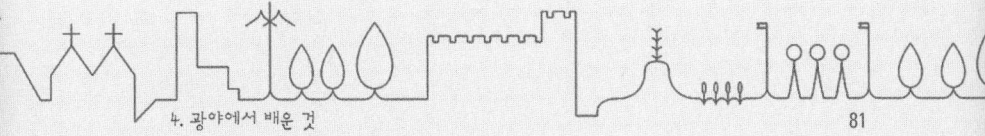

땅을 보고 돌아온 열두 명의 대표단은 과연 그 땅이 '젖과 꿀이 흐르는 땅'이라고 보고합니다. 오늘 우리의 눈으로 보면 팔레스타인 땅을 '젖과 꿀이 흐르는 땅'이라고 부르는 것이 이상하지만, 황량한 사막과 광야에 비하면 그렇게 부를 만도 합니다. 하지만 갈렙을 제외한 열한 명이 그 땅에 들어가는 것에 반대합니다. 그곳에 사는 사람들이 상대하기에 너무 강해 보인다는 이유였습니다. 그로 인해 백성들 사이에 불신이 퍼지고 소요가 일어났습니다. 이 일로 인해 하나님은 이스라엘 백성을 다른 길로 인도하십니다. 그로 인해 40년의 길고 긴 광야 생활이 시작됩니다.

'이스라엘이 40년 동안 광야를 방랑했다'는 말을 오해하는 사람

- 이집트에서 팔레스타인까지 가는 가장 빠른 길.

- 이스라엘 백성은 우회로를 통해 바란 광야에 이르렀다.

들이 많습니다. 40년 동안 끊임없이 이동했다는 뜻으로 받아들이는 겁니다. 그렇지 않습니다. 성경을 읽어 보면 알 수 있듯, 이스라엘 백성은 어느 지역에 이르러 인도하던 구름 기둥이 멈추면 그곳에 진을 치고 몇 달 혹은 몇 년이고 그곳에서

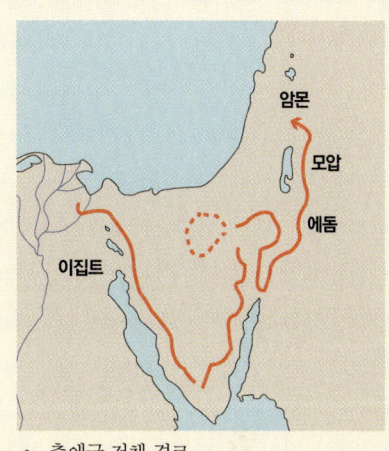

• 출애굽 전체 경로

삽니다. 그러다가 성막을 두르고 있던 구름이 떠오르면 짐을 챙기고 대오를 정렬하여 이동했습니다. 민수기 33장에는 이집트에서 모압 광야까지 이동할 때 진을 쳤던 지역의 이름이 나열되어 있는데, 그 기록만 보아도 진을 친 곳이 마흔한 곳입니다. 평균을 잡으면 한 곳에서 1년 정도 머무른 셈입니다. 실제로는, 몇 달 머무르다 떠난 곳도 있었을 것이고, 몇 년 머무른 곳도 있었을 것입니다. 한 곳에서 다른 곳으로 이동할 때 평균 15일 정도 걸렸으리라고 추측하는 사람도 있습니다.

이스라엘의 출애굽 경로는 정확하게 그리기 어렵습니다. 민수기 33장에 있는 지명 중 많은 것들이 바뀌었거나 사라졌기 때문입니다. 하지만 그들이 지금의 요르단 땅 남쪽으로부터 북쪽으로 거슬러 올

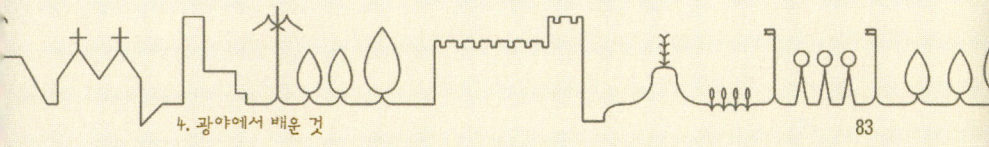

라와 요르단 강을 건너 가나안 땅으로 들어갔다는 사실은 분명합니다. 지금의 요르단 땅에는 출애굽 당시에 세 민족이 살고 있었습니다. 남부에는 에돔, 중부에는 모압 그리고 북부에는 암몬이 살았습니다. 에돔족이 살던 남부는 주로 사막과 광야였고, 모압족이 살던 중부는 광야와 돌산으로 되어 있고, 암몬족이 살던 북부는 비교적 푸른 돌산과 평야로 되어 있습니다. 광야 생활 40년 만에 이스라엘 백성은 사막과 광야와 돌산을 지나 모압 평야에 와 있습니다. 그곳에서 요르단 강 건너편을 바라보며 모세가 이스라엘 백성들에게 유언과 같은 설교를 합니다.

순례 여정 중에 우리 일행은 에돔족이 살던 땅에서부터 북쪽으로 이동하면서 출애굽 여정의 일부를 눈으로 보았습니다. 그 여정에서 가장 많이 나눈 이야기는 이스라엘 백성이 겪어야 했던 고난이었습니다. 어떤 분이 이야기합니다. "성경을 읽으면서 하나님에 대한 이스라엘 사람들의 불신과 변덕을 이해할 수 없었는데, 막상 와 보니 이해가 됩니다. 저 같았으면 더 많이 불평하고 더 심하게 변덕을 부렸을 것입니다."

이집트에서 가나안에 이르는 경로는 실로 사람이 살 곳이 아니었습니다. 도무지 땅에서는 희망을 찾을 수 없는 곳입니다. 하나님을 의지하지 않고는 그 땅에서 견딜 수가 없습니다. 그런데 하늘에서 즉각즉각 응답이 오지 않습니다. 견뎌야 할 고난은 너무나 크고 하나님의 침묵이 길어질 때, 그들은 하나님이 없는 것처럼 느끼기도 했고, 하나님께 버림받은 것처럼 생각하기도 했습니다. 그래서 때로는 불평을 쏟아 놓았고, 때로는 하나님이 아닌 다른 신을 찾기도 했으며, 때로는 이집트로 돌아가려 했습니다. 그렇게 40년이 지나 드디어 약속의 땅 입구에 이르렀습니다.

광야 학교에서

신명기 8장에서 모세는 하나님이 이스라엘 백성을 40년 동안 광야에 머물게 하신 이유를 설명합니다.

> 당신들이 광야를 지나온 사십 년 동안, 주 당신들의 하나님이 당신들을 어떻게 인도하셨는지를 기억하십시오. 그렇게 오랫동안 당신들을 광야에 머물게 하신 것은, 당신들을 단련시키고 시험하셔서, 당신들이 하나님의 계명을 지키는지 안 지키는지, 당신들의 마음속을 알아보려는 것이었습니다. (2절)

> 사람이 자기 자녀를 훈련시키듯이, 주 당신들의 하나님도 당신들을 훈련시키신다는 것을 마음속에 새겨 두십시오. (5절)

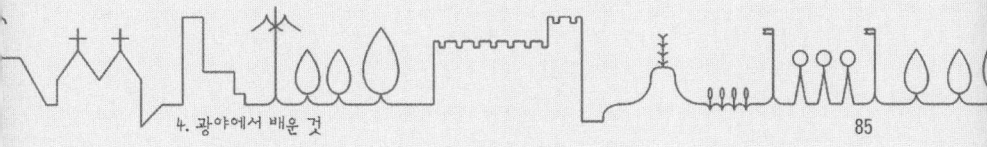

주님은 넓고 황량한 광야 곧 불뱀과 전갈이 우글거리는 광야와 물이 없는 사막에서 당신들을 인도하여 주시고, 차돌 바위에서 샘물이 나게 하신 분이십니다. 광야에서 당신들의 조상도 알지 못하던 만나를 당신들에게 먹이셨습니다. 이것이 다 당신들을 단련시키고 시험하셔서, 나중에 당신들이 잘되게 하시려는 것이었습니다. (15-16절)

여기서 자주 보이는 단어가 몇 개 있습니다. '단련하다' '훈련하다' 그리고 '시험하다'입니다. '단련하다'로 번역된 히브리어는 다른 말로 '고생시키다'로 번역할 수 있습니다. 따라서 "단련시키고 시험하셔서"라는 말은 '고생을 통해 시험했다'는 뜻입니다. "당신들의 마음속을 알아보려는 것이었습니다"라는 말이 의미하듯, 하나님은 그들의 믿음이 어떤지를 드러내기 위해 그들을 시험하셨습니다.

실로, 이스라엘 백성은 광야에서 끊임없이 시험을 받았습니다. 그 시험에서 그들은 끊임없이 낙방했습니다. 하나님에 대한 믿음이 얼마나 약한지를 거듭 확인했습니다. 자신의 내면에 무엇이 있는지를 적나라하게 보게 되었습니다. 그로 인해 하나님도 근심했고 모세와 아론의 속도 썩었지만, 무엇보다 그들 자신이 좌절하고 실망했습니다. 시험을 통해 드러난 그들의 믿음의 성적표에 실망했던 것입니다.

이스라엘 백성의 고난을 지켜보는 하나님의 마음은 마치 자식의 고통을 지켜보는 부모의 마음과 같았습니다. 하지만 그것이 아니고는 그들의 믿음을 연단시킬 수 없었고, 하나님을 철저하게 신뢰하지 못하면 젖과 꿀이 흐르는 땅에 들어가 타락하고 부패할 것이 분명했습니다. 모세는 그것을 염려하고 있습니다.

> 당신들이 배불리 먹으며, 좋은 집을 짓고 거기에서 살지라도, 또 당신들의 소와 양이 번성하고, 은과 금이 많아져서 당신들의 재산이 늘어날지라도, 혹시라도 교만한 마음이 생겨서, 당신들을 이집트 땅 종살이하던 집에서 이끌어 내신 주 당신들의 하나님을 잊어버리는 일이 없도록 하십시오. (12-14절)

> 당신들이 마음속으로 '이 재물은 내 능력과 내 손의 힘으로 모은 것이라'고 생각할 것 같아서 걱정이 됩니다. (17절)

모세는 성공과 번영과 부의 함정을 잘 알고 있었습니다. 그것이 얼마나 자주 하나님을 잊게 만들고 섬겨야 할 하나님을 얼마나 쉽게 이용하게 만드는지, 그리고 인간의 마음이 물질적인 부로 인해 얼마나 빨리 부패하는지를 말입니다. 그래서 젖과 꿀이 흐르는 땅을 앞에 둔 이스라엘 백성을 보는 모세의 마음에는 걱정이 더 앞섰습니다. 광야에서 40년 동안 연단된 믿음으로도 가나안 땅에서의 성공과 번영과 부의 파괴력을 이겨 내지 못할까 염려했던 것입니다.

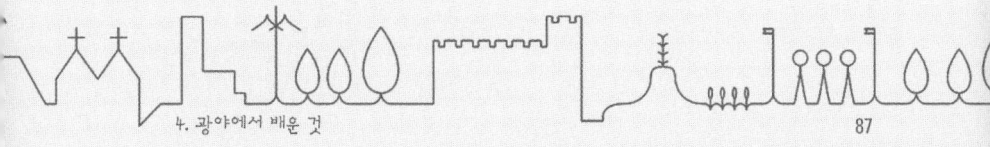

기억하라

당신들이 광야를 지나온 사십 년 동안, 주 당신들의 하나님이 당신들을 어떻게 인도하셨는지를 기억하십시오. (2절)

기억하는 것, 바로 그것이 모세가 제시한 처방입니다. 광야에서 어떻게 살았는지, 하나님이 어떻게 인도해 주셨는지, 그리고 그 결과 어떤 일이 일어났는지를 기억하는 것입니다. 광야에서 단련한 그 믿음을 지키는 것입니다. 젖과 꿀이 흐르는 땅에 들어가 먹고 살 것이 풍족해져도 광야에서 배운 '하나님에 대한 철저한 신뢰'를 잊지 말라는 것입니다. 그것을 망각하면, 17절에서 지적한 것같이 모든 것이 자기의 힘으로 된 것인 줄 착각합니다. 그렇게 되면 하나님이 안겨 주신 축복이 재앙으로 변합니다.

번영과 성공과 부, 그것 자체가 나쁘다는 뜻이 아닙니다. 모세가 40년 동안 이스라엘 백성을 인도하여 이끌고 간 목적지가 어디입니까? 지리적으로 말하자면 가나안 땅이었지만, 상황으로 말하자면 평안하고 풍요로운 삶으로 인도한 것입니다. 모세가 말합니다.

주 당신들의 하나님이 당신들을 데리고 가시는 땅은 좋은 땅입니다. 골짜기와 산에서 지하수가 흐르고 샘물이 나고 시냇물이 흐르는 땅이

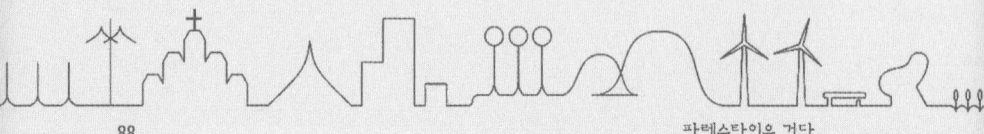

며, 밀과 보리가 자라고 포도와 무화과와 석류가 나는 땅이며, 올리브 기름과 꿀이 생산되는 땅이며, 먹을 것이 모자라지 않고 아무것도 부족함이 없는 땅이며, 돌에서는 쇠를 얻고 산에서는 구리를 캐낼 수 있는 땅입니다. 주 당신들의 하나님이 당신들에게 주신 옥토에서, 당신들은 배불리 먹고 주님을 찬양할 것입니다. (7-10절)

하나님은 모세를 통해, 노예로 있던 이스라엘 백성을 풍요로운 땅으로 인도하셨습니다. 사막과 광야와 돌산에서의 사십 년 고생은 이 풍요와 번영을 위한 준비였습니다. 하나님은 이스라엘 백성이 언제까지나 고생하기를 원치 않으셨고, 풍요로운 땅에서 번영을 누리기를 원하셨습니다.

하지만 번영과 풍요에는 심각한 위험이 숨겨져 있습니다. 바로 하나님을 망각하고 스스로 하나님이 되는 위험입니다. 모든 것이 자기 능력이나 자신이 가진 것 덕분에 이루어진 줄 착각하고 자신만을 위해 사는 위험입니다. 이것을 조심하지 않으면 풍요와 번영이 재앙의 원인이 되고 맙니다.

인류를 향한 하나님의 뜻은 고난이 아니라, 평안과 풍요와 번영입니다. 하지만 물질적인 평안과 풍요와 번영은 하나님을 잊게 만들고 스스로 교만하게 만드는 치명적인 독소를 품고 있습니다. 그렇기 때문에 번영과 풍요를 구하기 전에 믿음의 연단을 구해야 합니다. 번

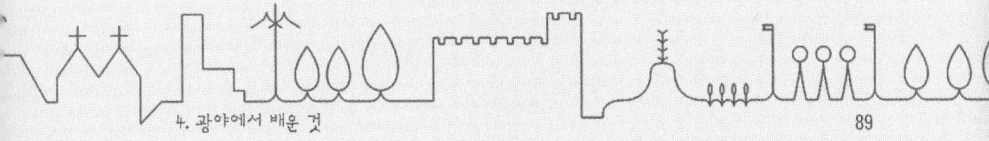

영과 풍요를 견뎌낼 만한 영적 능력을 구해야 합니다. 그리고 번영과 풍요를 얻으면 하나님을 잊지 않도록 깨어 있어야 합니다. 사막과 광야와 돌산을 지날 때 함께하시고 인도해 주신 하나님을 잊지 말아야 합니다. 그래야만 내가 누구인지 제대로 알 수 있고, 헛된 유혹에 빠지지 않을 수 있습니다. 그럴 때 우리 손에 들어온 물질이 우리를 부패시키지 않을 것이고, 우리는 그 모든 것을 하나님 뜻을 위해 사용할 영적 자유와 능력을 얻을 수 있습니다.

때로 하나님은 우리에게 고난을 허락하셔서 우리의 영혼을 정화하고 믿음을 연단시키십니다. 모세의 말대로, 부모가 사랑하는 자녀를 단련하듯 하나님도 사랑하는 자녀를 단련시키십니다. 히브리서 저자가 말했듯 하나님께 아무런 단련도 받지 못한다면 혹시나 하나님의 사랑에서 벗어난 것은 아닌지 생각해 보아야 합니다. 이런 믿음을 가지면 때로 고난이 닥칠 때 기뻐할 수 있습니다. 그래서 사도 바울은 이렇게 말했습니다.

> 그뿐만 아니라 우리는 환난을 자랑합니다. 우리가 알기로는, 환난은 인내력을 낳고 인내력은 단련된 인격을 낳고 단련된 인격은 희망을 낳는 줄을 알고 있기 때문입니다. (롬 5:3-5)

여기서 "우리는 환난을 자랑합니다"라는 말씀이 눈길을 끕니다. 이 말은 '우리는 환난을 기뻐합니다'라고도 번역할 수 있겠습니다. 당신은 환난을 기뻐하고 자랑스럽게 생각해 본 적이 있습니까? 오히려 환난을 피하기 위해 노력해 왔고, 어쩔 수 없이 환난을 당하면 수치스럽게 여기고 숨기려 하지 않았습니까? 사도 바울이 세상과 인생을 보는 눈은 우리의 눈과 이토록 달랐습니다. 그는 환난을 반겼고 또한 자랑했습니다. 그것은 하나님이 자신을 사랑한다는 증거였고, 또한 자신의 믿음을 시험하는 도구였으며, 그로 인해 더 큰 간증과 소망이 생겼기 때문입니다. 그런 믿음이 있었기에 번영과 풍요가 결코 그를 유혹하거나 넘어뜨릴 수 없었습니다.

내 것은 없다

며칠 전 한 교우를 만났습니다. 하나님을 떠나 살고 있는 장성한 두 자녀를 안타까이 여기며 늘 기도해 온 분이셨습니다. 내게 그 이야기를 하실 때 흘러내리는 그분의 눈물에서, 나는 그분의 믿음이 어떤 것인지를 볼 수 있었습니다. 세상 모든 것을 다 얻어도 하나님을 얻지 못하면 실패한 것이라는 믿음이 그 눈물에 담겨 있음을 보았습니다. "세상에서 잘되는 것이 좋은 것만은 아닙니다. 제가 아이들을 잘못 길렀어요. 세상에서 성공하고 승승장구하니까 하나님이 필요

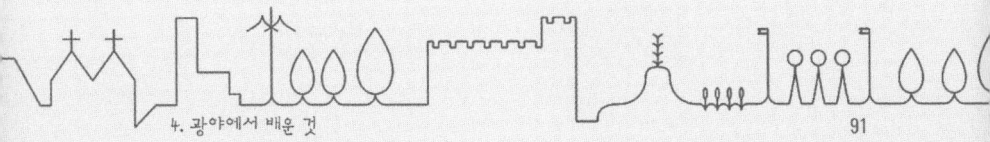

없어진 거죠. 아내가 들으면 뭐라 하겠지만, 제 마음 같아서는 하나님이 제 아이들에게 실패를 겪게 해주셨으면 좋겠어요. 그렇지 않으면 저 아이들이 하나님께 돌아올 것 같지 않아요. 그렇게 해서라도 하나님께 돌아왔으면 좋겠어요."

그분의 두 자녀는 미국 주류 사회에서 누구라도 부러워할 만큼 성공한 이들입니다. 자기 분야에서 가장 높은 수준에 이르렀고 물질적으로도 부족한 것이 없으며, 자녀들도 대를 이어 엘리트 코스를 밟고 있습니다. 그것은 분명 하나님이 그들에게 주신 복입니다. 그런데 그 복으로 인해 그들이 하나님을 떠나 살고 있습니다. 많은 부모들은 마냥 좋아하겠지만, 그 교우는 그 때문에 눈물을 흘립니다. 자녀들을 바라보는 그분의 마음은 마치 이스라엘 백성들을 보는 모세의 마음과 같았습니다. 세상 모든 것을 다 얻어도 하나님을 잃으면 돌이킬 수 없는 재앙이라는 사실을 믿기 때문입니다.

그렇습니다. 성공은 우리 모두가 바라는 것이지만, 그것이 우리의 눈을 가립니다. 번영은 우리 모두가 추구하는 것이지만, 그것에는 패망의 침이 숨겨져 있습니다. 풍요는 우리 모두가 원하는 것이지만, 그것에는 우리의 영혼을 썩게 하는 병균이 숨겨져 있습니다. 얼마나 많은 부모들이 그 사실을 망각하고 자녀들의 성공에 모든 것을 쏟아붓고 있는지 모릅니다.

아직 기회가 있다면, 모세의 이야기와 이 교우의 이야기를 귀담

아들었으면 좋겠습니다. '다시 아이들을 키운다면 세상적으로는 좀 덜 성공해도 좋으니 하나님을 의지하고 살아가도록 키우겠다'는 때 늦은 회한에 귀 기울였으면 좋겠습니다. 이는 비단 우리 자녀들만의 문제가 아닙니다. 우리 자신도 번영과 풍요의 병균에 감염되어 썩지 않도록 깨어 있어야 합니다. 데일 카네기는 "고난을 견뎌내는 사람이 백 명이라면 번영을 견뎌내는 사람은 하나다"라고 말한 바 있습니다. 모두 성공과 번영을 추구하고 있는 이 시대에 꼭 기억해야 할 말입니다.

얼마 전 페이스북에서 읽은 글을 나누고 싶습니다. 자기 분야에서 나름대로 성공한 남편과 십대의 두 딸과 함께 풍요를 누리던 어느 부인이, 탄탄대로 같던 삶의 여정에 닥쳐 온 큰 환난 앞에서 쓴 글입니다. 사십대의 이른 나이에 남편에게 암이 발견되었고, 많은 노력에도 불구하고 남편은 먼저 하나님의 품으로 갔습니다. 남편이 죽음의 문턱에 다다랐을 때 부인은 자신의 블로그에 다음과 같은 글을 올렸습니다.

> 내 것이 아닙니다. 한때는 아름다운 집이 저의 가장 큰 자랑이었습니다. 심혈을 기울여 꾸민 아름다운 집. 잡지에 여러 번 나왔다고 자랑스러워했던 우리 집. 행여나 때가 탈까, 혹여나 먼지 탈까, 닦고 쓸고 했던 우리 집.

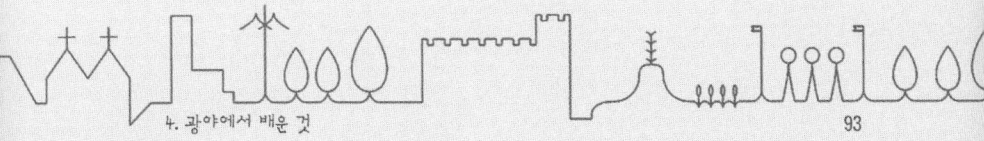

하지만 남편이 아프고 보니 제가 있을 곳은 궁궐 같던 우리 집이 아니라 몇 평 안 되는 비좁은 병실이더군요. 피곤한 내 한 몸 누일 곳은 푹신하고 안락한 라텍스 침대가 아니라 딱딱하고 좁은 보조 침상이었습니다. 내 것이라 믿었던, 남편과 공동 명의로 된 자랑스럽던 내 집도 알고 보니 제 것이 아니었습니다.

열다섯 자 붙박이장에 가득한 수많은 옷들과 제가 사랑해 마지않던 명품 가방들. 이 또한 제 것이 아니었습니다. 남편과 함께하는 병실에선 편한 추리닝과 레깅스면 족하더군요. 귀히 여기던 명품 가방도 필요 없었습니다.

어디 그뿐인가요? 이십 년 넘게 나의 자랑이었던, 나를 빛나게 해준다고, 나를 완전하게 해준다고 믿었던 내 남편도 제 것이 아닙니다. 내 것이 아닙니다. 의사들은 말합니다. 마음의 준비를 하라고. 이 또한 내 것이 아니라고. 이젠 압니다. 내 분신, 내 사랑, 내 사랑하는 아이들조차 제 것이 아니라는 것을요. 이 아이들 또한 그분이 제게 잠시 맡기셨던 선물임을 제가 잊고 있었네요.

이와 같은 이유로 근심, 염려 또한 제 것이 아닙니다. 적혈구 수치가 모자라 수혈을 해도, 의사가 제 아무리 무서운 말을 해도, 그것은 내 것이 아닙니다. 내 아버지의 것입니다.

"너희 염려를 다 주께 맡기라. 이는 그가 너희를 돌보심이라" 벧전 5:7. 근심, 염려는 다 주께 맡기고, 내 남편 또한 주께 맡기고, 저는 이 밤

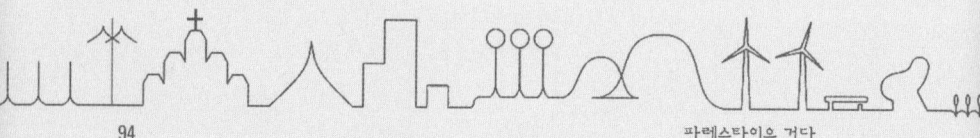

또 기다립니다. 내 것이 아닌 것을 내 것인 양 소유하며 자랑하며 욕심냈던 제 무지를, 제 교만을, 제 과거를 회개하며 눈물로 기도합니다.

그렇습니다. 우리가 '내 것'이라고 생각하는 것들은 모두 하나님이 허락하신 것입니다. 이 땅에 내 것은 없습니다. 하나님이 나를 믿고 맡겨 주신 것입니다. 그 사실을 알면 무엇이든 내 손에 있을 때 감사하며 선용할 수 있고, 주인이 도로 가져가실 때면 기쁘게 내어드릴 수 있습니다. 그것을 생각하면 하루하루의 생명이 감당할 수 없는 은혜요, 매일의 삶이 기적의 연속임을 인정하고 감사하게 됩니다.

얼마 전, 한동안 몸을 움직이지도 못했고 기억 능력이 거의 망가졌다가 다시 회복하신 분이 이런 이야기를 들려줍니다. 그동안 너무도 당연히 생각했던 것들이 결코 당연한 것이 아님을 깨달았다고 말입니다. 침대에서 일어나 화장실에 걸어가는 것도 은혜요, 음식을 씹어 삼키는 것도 기적이며, 숨 쉬는 것조차 감격이라는 사실을 깨달았다고 합니다.

이런 마음으로 산다면 인생이 결코 무덤덤하지 않습니다. 권태롭지 않습니다. 아침에 일어날 때마다 할렐루야를 외치며 감사로 시작하여 감사로 끝낼 수 있습니다. 이런 마음이라면 우리도 혹시 당할 수 있는 환난을 통해 정금같이 단련될 것입니다. 우리도 바울처럼 환난 중에도 기뻐하며 자랑할 수 있을 것입니다.

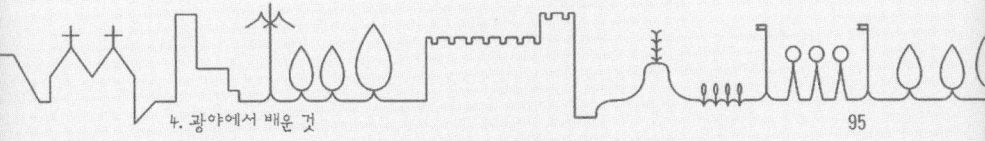

감사합니다, 주님!

번영과 풍요를 얻게 하심에도

환난과 고난을 당하게 하심에도

평탄한 삶을 허락하심에도

저희는 오직 감사할 따름입니다.

주님이 함께하시기 때문입니다.

모든 것이 주님이 하신 일이기 때문입니다.

그래서 감사드립니다.

그래서 저희의 모든 것을 주님께 드립니다.

저희의 생명, 시간 그리고 물질을

주님 뜻을 위해 사용하소서.

아멘.

묵상을 위한 질문

1. 번영과 성공으로 인해 겪었던 영적 실패의 경험이 있습니까? 혹은 환난으로 인해 얻은 영적 진보의 경험이 있습니까? 그때의 경험을 반추해 보십시오. 무엇을 배웠습니까?

2. 번영과 풍요를 누리면서도 영적으로 부패하지 않으려면 어떻게 해야 할까요? 혹은 어떻게 하면 환난을 기뻐하고 자랑할 수 있을까요?

3. '내 것은 없다'는 사실이 믿어질 때까지 깊이 묵상하십시오. 이것을 믿는다면 당신의 삶은 어떻게 달라질까요?

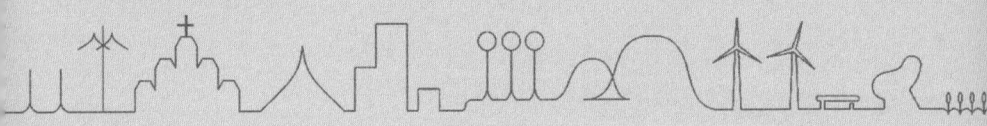

5장
—

구원을 희망하다
예루살렘

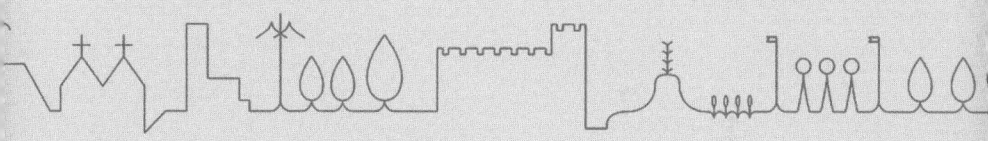

우주의 배꼽

성지순례 여정의 절정은 뭐니 뭐니 해도 예루살렘입니다. 지금의 예루살렘은 신 예루살렘과 구 예루살렘으로 나뉘어 있습니다. 성경에 나오는 예루살렘 성은 구 예루살렘이고, 이스라엘 정부에서 개발한 신도시가 신 예루살렘입니다. 이스라엘의 두 번째 임금 다윗이 수도로 정한 이후 예루살렘은 지난 3천 년 동안 수많은 풍상을 겪어 왔습니다. 역사에 기록된 것만 따져도, 두 번 완전히 파괴되었고 스물세 번 포위되었으며 공격받은 것은 쉰두 번이나 됩니다. 지금은 네 구역, 즉 아르메니아인 구역, 유대인 구역, 기독교인 구역, 무슬림 구역으로 찢겨 있습니다.

예루살렘은 해발 760미터 높이의 시온 산 위에 우뚝 서 있습니다. 시온 산 주변으로는 세 개의 깊은 골짜기가 둘러 있습니다. 동쪽으로는 기드론 골짜기, 남쪽에는 힌놈 골짜기, 동북쪽으로는 티로포엔 골짜기가 에워싸고 있습니다. 골짜기 위에는 화강암을 깎아 세운 성벽이 줄지어 있습니다. 말 그대로 난공불락의 요새입니다. 그런 까닭에 쉰두 번 이상 공격받았으면서도 두 번만 함락되었습니다.

우리 일행은 예루살렘 동쪽에 있는 올리브 산(옛 번역에서는 '감람산')에 먼저 올라 기드론 골짜기 너머로 예루살렘을 바라보았습니다. 기

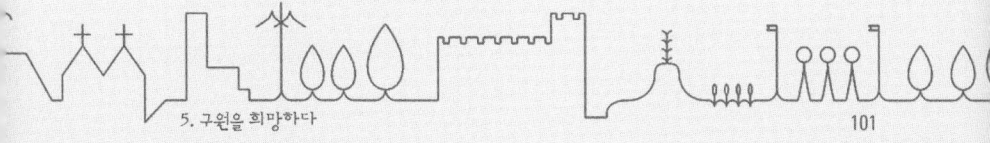

• 예루살렘 시가지.

• 기드론 골짜기 너머로 보이는 예루살렘.

드론 골짜기 위에는 성벽이 늘어서 있었고, 그 뒤로 성전이 보였습니다. 그 자리에 솔로몬이 처음 성전을 지었는데, 바벨론에 의해 파괴되었다가 헤롯 대왕에 의해 재건되었고 다시 로마군에 의해 파괴되었습니다. 지금은 이슬람 사원이 그 자리에 세워져 있습니다. 7세기에 무슬림 제국이 팔레스타인을 점령했을 때, 솔로몬 성전이 있던 자리에 사원을 지은 것입니다. 옛날 정복자들은 정복당한 민족의 신전을 허물고 그 위에 자신이 섬기는 신을 위한 신전을 짓곤 했습니다.

솔로몬 성전 자리에 세워진 이슬람 사원의 황금빛 지붕은 우리말로 '황금 돔', 영어로는 Dome of the Rock이라고 불립니다. 무슬림은 그곳에서 무함마드가 승천했다고 믿습니다. 그곳은 이슬람 구역이기 때문에 기독교인이나 유대인은 무슬림의 허락을 받고서야 들어갈 수 있습니다. 전투적인 유대교인들은 언젠가는 이 성전을 되찾겠다고 벼르고 있고, 아랍 국가들은 이 사원만큼은 빼앗길 수 없다고 말합니다. 아랍 국가들은 이스라엘이 황금 돔을 되찾기 위해 전쟁을 일으킨다면 그날로 세상은 끝일 것이라고 엄포를 놓고 있습니다. 불행하게도 그 말 속에는 진심이 담겨 있습니다. 이 황금 돔은 꼬일 대로 꼬인, 인간의 계산으로는 절대 해법이 나오지 않을 것 같은 예루살렘의 상황을 상징합니다.

올리브 산에 올라 기드론 계곡을 내려다보면 보는 이의 눈길을 사로잡는 것이 또 하나 있습니다. 바로 기드론 계곡 전 지대에 널려 있는 묘지인데, 그 모습이 현기증을 일으킬 정도입니다. 안내하시는 분의 말에 따르면 그곳에 매장되기 위해서는 최소한 3만 달러를 주어야 하고, 그것마저도 이제는 자리가 별로 없다고 합니다.

그곳이 공동묘지가 된 것은 1541년 예루살렘을 점령한 무슬림 통치자 슐레이만 황제 때 시작되었습니다. 성지를 공동묘지로 만드는 것은 유대교와 기독교를 모욕하는 가장 좋은 방법이었습니다. 그런데 신기하게도 지금은 유대인들이 앞 다투어 그곳에 묻히고 싶어 합니다. 왜냐하면 마지막 날 오시는 메시아가 예루살렘으로 오시리라 믿기 때문입니다. 예수님의 부활을 믿지 않는 유대교인들은 언젠가

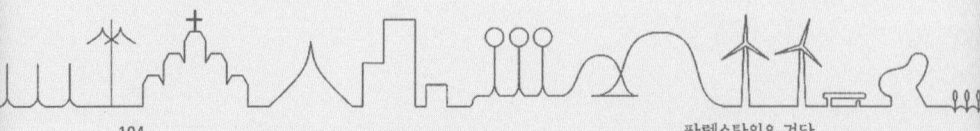

- 기드론 골짜기를 메우고 있는 무덤들.

- 금문의 모습. 예수님이 이 문을 통해 예루살렘 성으로 들어오셨을 것으로 추정된다.

메시아가 올 때 모든 의인이 부활할 것을 믿습니다.

  올리브 산에서 보면 동쪽 성벽에 큰 문이 있습니다. 사도행전에서 '미문'the Beautiful Gate으로, 지금은 '금문'the Golden Gate으로 불리는 문입니다. 예수님이 나귀를 타고 예루살렘에 오실 때 들어오신 것으로 추정되는 이 문이, 지금은 봉해져 있습니다. 이 역시 술레이만 황제가 한 일입니다. 유대인들이 장차 오실 메시아가 그 문을 통해 예루살렘으로 들어오리라 믿었기 때문에 입구를 돌덩이로 막아 버린 것입니다. 그렇게 하면 메시아가 못 들어올 줄 알았나 봅니다.

  나는 올리브 산에 서서 저 멀리 보이는 도시 예루살렘과 도시 동남쪽 끝에 있는 성전 뜰, 솔로몬 성전 터에 세워진 이슬람 사원, 막혀 버린 금문 그리고 그 아래 늘어선 무덤들을 바라보며 심한 정신적 충격을 받았습니다. 생각이 정리될 때까지 그 자리에 머무르고 싶을 정도로 충격이 심했습니다.

  잘 알려진 바와 같이, 기독교인과 유대교인 그리고 기독교인과 무슬림은 메시아에 대한 믿음과 관련해 입장이 결정적으로 갈립니다. 유대교는 나사렛 예수를 세례 요한 정도의 예언자로 생각합니다. 기독교가 시작될 시기에는 예수를 메시아로 믿는 사람들을 이단자로 규정하여 회당에서 추방시켰습니다. 소수이기는 하지만 유대인들 중에 예수님을 메시아로 믿는 사람들이 있는데 그런 사람들을 '메시아닉 유대인'Messianic Jew이라 부릅니다. 이들 외에 대다수의 유대교인들

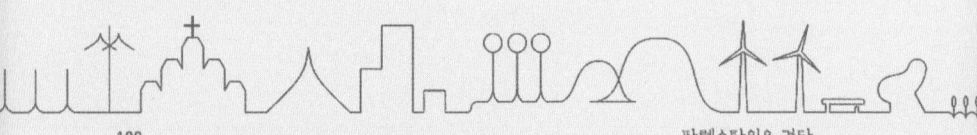

은 다른 메시아가 오기를 기다리고 있습니다.

예수님이 메시아가 아니라고 보는 것에서는 이슬람교도 마찬가지입니다. 이슬람교 경전인 꾸란에서는 예수님을 '예언자'라 부르기도 하고, '사자'^{messenger}라고 부르기도 합니다. 예수님을 메시아라고 부르기도 합니다만, 이때는 '사명 받은 한 인간'이라는 뜻으로만 사용합니다. '하나님의 아들'이라는 뜻이 아닙니다. 나사렛 예수는 아브라함으로부터 이어지는 예언자의 긴 고리 중 하나이고, 그 고리의 마지막에 무함마드가 있다고 믿습니다.

이렇듯 누가 메시아인지에 대해서는 세 종교가 입장을 달리하지만, 하늘로부터의 구원자를 바라는 점은 모두 같다고 할 수 있습니다. 기드론 계곡에 묻힌 사람들 대다수는 메시아가 올 것이라고 믿었을 것입니다. 메시아가 성전 동편 계곡으로 와서 금문을 통해 예루살렘으로 들어가시므로 그곳에 묻히는 것이 가장 안전하다고 생각하는 것입니다. 생각해 보면 참으로 우스꽝스러운 발상인데도 그곳에 묻히고 싶어 하는 사람들은 줄을 잇고 있습니다. 메시아가 들어오지 못하도록 금문을 밀봉한 슐레이만 황제의 행동은 하나의 희극이며, 기드론 계곡을 가득 매운 무덤들도 우스운 촌극이 아닐 수 없습니다.

땅에는 희망이 없다

그런 모습을 볼 때면, 생각 있는 사람들은 '난 저런 거 안 믿어!' 하고 고개를 돌립니다. 그 심정은 충분히 이해할 수 있지만, 이 대목에서 조심해야 합니다. 자주 어리석고 우스꽝스러운 행동으로 표현되는 메시아 신앙은 그렇게 쉽게 웃어넘길 만한 주제가 아니기 때문입니다.

나는 올리브 산 위에서 무덤 계곡을 한참 바라보다가, 문득 눈을 들어 시온 산 위의 예루살렘을 주목했습니다. 지금껏 세계 3대 종교, 즉 기독교와 유대교, 이슬람교가 이 도시를 소유하기 위해 싸워 온 결과로 예루살렘은 현재 네 구역으로 찢겨 있습니다. 무슬림 구역에도 유대교나 기독교의 유적과 유물이 많이 있는데, 특별한 경우가 아니고는 들어가 볼 수 없습니다. 그래서 우리 같은 사람들은 예수님이 총독 관저에서 골고다까지 십자가를 지고 가셨던 '고난의 길' 비아 돌로로사도 끝까지 걸어갈 수 없어 무슬림 구역에서 돌아 나와야만 합니다.

더 흥미로운 것은, 이렇게 복잡하게 얽히고 꼬인 관계 속에서도 상업적 목적을 위해서는 서로 손을 잡는다는 것입니다. 종교나 인종, 정치 문제에서는 한 치 양보도 없는 사람들이 순례자들의 호주머니를 터는 일에는 손을 맞잡습니다. 무슬림 상인들이 기독교 순례자들

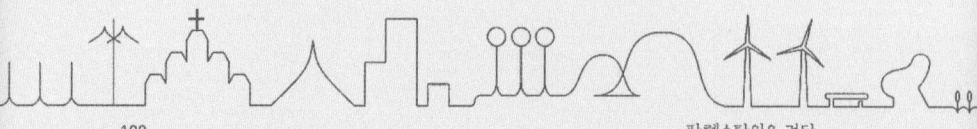

에게 십자가 목걸이를 팔고, 유대인 순례자들에게 다윗의 별을 팔고 있습니다. 돈이 얼마나 큰 힘을 가지는지를 알 수 있는 대목입니다.

흔히 예루살렘을 가리켜 '우주의 배꼽'이라 부르는데, 그렇게 부를 만도 하다는 생각이 듭니다. 원래는 우주가 그곳에서 생겨났다는 뜻으로 만들어진 말인데, 인류의 비극적이고 절망적인 현실이 예루살렘에 집약되어 있다는 의미에서도 그렇게 부를 수 있습니다. 인간의 눈으로 볼 때 예루살렘의 얽히고설킨 현실은 영영 해결되지 않을 것 같습니다. 해결 방법은 오직 하나, 어느 한 나라가 무력으로 점령하는 것뿐인데, 이미 역사를 통해 보았듯이 그것은 또 다른 무력을 불러올 뿐입니다. 이 문제를 해결하는 길은 결코 인간이 제시할 수 없고 이 땅에서는 찾을 수 없습니다. 이는 비단 예루살렘만의 문제가 아닙니다. 인간 현실이 다 그렇습니다.

당신은 인류에게서 희망을 찾을 수 있다고 봅니까? 인간의 이성과 의지만 가지고도 인류 사회가 유토피아에 이를 수 있다고 믿습니까? 지금 우리가 백 년 혹은 이백 년 전 인류보다 더 낫다고 생각합니까? 그때보다 더 행복하게 살고 있다고 생각합니까?

물질문명만 생각하면 그렇다고 할 수도 있겠습니다. 불과 몇 년 전만 해도 우리는 차 안에서 인터넷을 할 수 있으리라고 상상도 하지 못했습니다. 전기 코드에 전선을 연결하지 않고 배터리 충전을 할 수 있으리라는 생각도 하지 못했습니다. 그런 기술을 발명해 내는 것

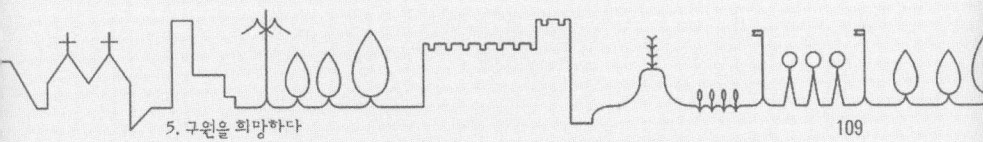

을 보면 인간의 능력은 참으로 놀랍습니다. 십 년 후면 또 어떤 물건이 발명될지 기대도 되고 걱정도 됩니다.

하지만 과연 물질문명의 발전으로 우리가 우리 이전 세대보다 더 잘살고 있다고 말할 수 있습니까? 진실은 그 반대가 아닙니까? 물질문명은 상상하지 못했던 수준까지 발전했지만, 인간성은 더 심하게 망가졌고, 인간관계는 더욱 얽히고설켜 버렸습니다. 내면의 전쟁은 더욱 심각해졌고 그것을 다룰 능력은 점점 퇴화하고 있습니다. 우리는 갈수록 인간관계에 무능하고 서툴러지고, 그로 인해 가정마다 뒤틀린 관계로 고통을 겪습니다. 인간의 탐욕은 갈수록 교활해지고 그로 인해 우리 사회는 점점 망가져 갑니다. 탐욕 앞에서 정직과 정의는 힘을 잃어버립니다. 한때 평화로워 보이던 나라들이 어느새 무장을 갖추고 거친 말들을 주고받고 있습니다. 중국과 일본의 태도 변화로 인해 아시아에 화약 냄새가 폴폴 나고 있지 않습니까?

예루살렘은 팔레스타인에만 있는 특별한 현상이 아닙니다. 예루살렘은 내 안에도 있고, 내 가정에도 있으며, 내가 사는 사회에도 있습니다. 과연, 예루살렘은 절망적인 인간의 상황을 극명하게 보여 주는 상징입니다.

통곡하시는 주님

예루살렘을 바라보는 마음이 왜 그리 짠했는지, 이제 납득이 됩니다. 참으로 착잡했습니다. 씁쓸했고, 우울했습니다. 문득 울고 싶어졌습니다. 예루살렘이 겪어 온 비극의 역사 때문인 줄 알았더니, 예루살렘을 통해 오늘 우리가 겪고 있는 문제를 보게 되었기 때문이었습니다. 도무지 풀 길 없어 보이는 현실에 대한 절망감 때문이었습니다.

아, 그런데 예수님도 예루살렘을 바라보고 우셨습니다. 예루살렘 동편의 올리브 산에는 몇 개의 기념 교회가 있습니다. 그중 하나가 '눈물 교회'The Church of the Tears입니다. 이 교회의 이름은 라틴어로 '도미누스 플레빗'Dominus Flevit이라고 하는데, '주님이 우셨다'는 뜻입니다. 이 교회가 세워진 자리가 바로 예수님이 예루살렘을 보고 우신 곳이라고 합니다. 누가복음에 그 이야기가 나와 있습니다.

> 예수님이 예루살렘 가까이에 오셔서, 그 도성을 보고 우시었다. (눅 19:41)

당시 예루살렘은 오늘날과 달라서, 헤롯 대왕이 재건한 웅장한 성전에서 유대인들이 아무런 불편 없이 제사를 드리는 때였습니다. 그런데도 예수님은 우셨습니다. 성전에서 이루어지고 있는 그 많은

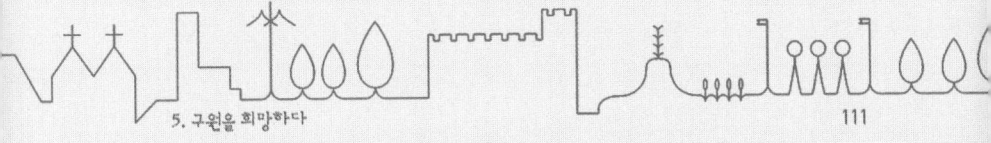

• 기드론 계곡에 세워진 눈물 교회. 지붕 모양이 눈물 모양을 형상화했다고 한다.

제사와 의식이 하나님과 아무 상관이 없었기 때문입니다. 종교 의식은 화려했지만 그들의 믿음은 죽어 있었고 삶은 오염되어 있었습니다. 주님은 그들에게 회개하고 회개에 합당한 열매를 맺으라고 촉구했지만, 그들은 오히려 주님을 배척했습니다. 주님은 그들의 영적 교만과 무지로 인해 일어날 비극을 내다보며 우셨습니다.

이 본문에 사용된 헬라어 '클라이오'^{klaio}는 소리 내어 우는 것을 말합니다. 성인 남자가 소리 내어 울 때는 상황이 보통 심각한 것이 아닙니다. 나도 얼마 전에 이런 통곡을 터뜨린 적이 있습니다. 한 교우의 딸이 해산을 한 후 과다 출혈로 손도 써 보지 못하고 세상을 떠났습니다. 새벽기도회에서 갑작스러운 재앙을 당해 넋이 나간 그분을 생각하며 기도하는데, 억누를 수 없는 울음이 속에서부터 터져 나오는 것입니다. 아픔이 감당할 수 없을 만큼 커지면 그런 울음이 터져 나온다는 것을 그때 경험했습니다. 아마 예수님도 그렇게 우셨을 것입니다.

오늘 너도 평화에 이르게 하는 길을 알았더라면 좋았을 터인데! 그러나 지금 너는 그 일을 보지 못하는구나. 그날들이 너에게 닥치리니, 너의 원수들이 토성을 쌓고 너를 에워싸고 너를 사면에서 죄어들어서, 너와 네 안에 있는 네 자녀들을 짓밟고 네 안에 돌 한 개도 다른 돌 위에 얹혀 있지 못하게 할 것이다. (19:42-44)

눈물 교회에 서서 예루살렘을 바라보니, 주님이 오늘 그 자리에 다시 서신다면 더 심하게 통곡하셨을 것 같았습니다. 지금의 예루살렘의 상황은 예수님 당시보다 더 절망적이기 때문입니다. 아니, 이 세상이 예루살렘 같은 절망적 상황에 놓여 있기 때문입니다. 예루살렘을 향한 동곡은 실은 인류의 운명에 대한 통곡입니다. 인류에 대한 통곡은 바로 우리 각자에 대한 통곡입니다.

당신은 예루살렘을 향한 주님의 통곡에 공감할 수 있습니까? 주

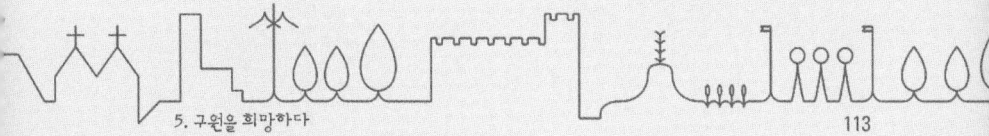

님이 예루살렘을 보면서 그리고 인류를 생각하면서 느끼셨던 절망에 공감합니까? 주님처럼 그렇게 울고 싶었던 때가 있었습니까? 자신 안에 있는 예루살렘 때문에, 예루살렘과 같은 가정 형편 때문에, 모든 가치와 도덕이 부정당하는 사회를 보면서, 탐욕과 아집으로 뒤엉킨 민족의 형편을 보면서, 그리고 돌이킬 수 없어 보이는 지구 환경 문제를 생각하면서, 주님처럼 통곡하고 싶었던 적이 있었습니까?

하늘에서 희망을 찾다

우리 자신만을 본다면 그리고 이 땅만 본다면, 우리의 마음은 자주 착잡해지고 우울해지고 눈물이 나옵니다. 주체하지 못하고 통곡할 때도 있습니다. 그럴 때, 우리는 하늘을 우러릅니다. 우리 자신에게는 희망이 없기에 하나님께 희망을 찾습니다. 기드론 계곡에 가득 채워진 무덤들은 하늘에서 희망을 보고자 하는 인간들의 발버둥이라고 할 수 있습니다. 그 무덤들은 이렇게 말하는 것 같습니다.

'저 산 위를 보라. 저것이 인간 현실이다. 찢기고 갈리고 엉클어진 현실은 다 각기 자신의 역사와 전통, 자신의 종교와 믿음에 따라 최선을 다한 결과다. 그로 인해 오늘도 구석진 곳에서 눈물 흘리는 이들이 있

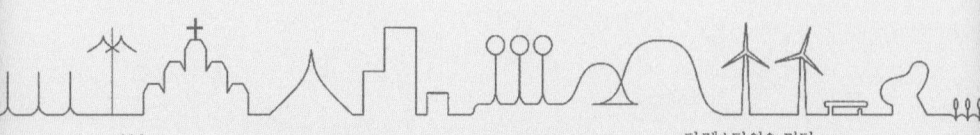

고, 금 방석에 앉아 호의호식하는 이들이 있다. 우리에게는 도무지 희망이 없다. 진정한 희망은 하늘에서 찾아야 한다. 메시아가 올 때야 이 모든 문제는 해결될 것이다. 우리는 그것을 기다린다.'

이 무덤들의 소리에 대해 당신은 어떻게 생각합니까? 하늘에서 구원의 희망을 찾는 것은 부질없는 일이라고 무시하겠습니까? 한계 상황에서 인간이 하늘을 향해 구원을 호소하는 것은 이해할 수 있지만 그것은 어디까지나 어쩔 수 없기 때문이라고, 하늘의 희망 따위는 존재하지 않는다고 생각합니까?

하지만 예수님은 결코 그렇지 않다고, 하늘에서 희망을 찾으라고 말씀하십니다. 무덤 계곡에 묻힌 사람들의 열망이 틀린 것만은 아니라고 하십니다. 예루살렘이 그 절망적 상황을 바꿀 길이 하늘에서 열렸기 때문입니다.

오늘 너도 평화에 이르게 하는 길을 알았더라면 좋았을 터인데! ⁽⁴²⁸⁾

평화에 이르게 하는 길이 열렸는데, 예루살렘이 그 길을 모르고 있다는 말입니다.

이것은 하나님이 너를 찾아오신 때를 네가 알지 못했기 때문이다. ⁽⁴⁴⁸⁾

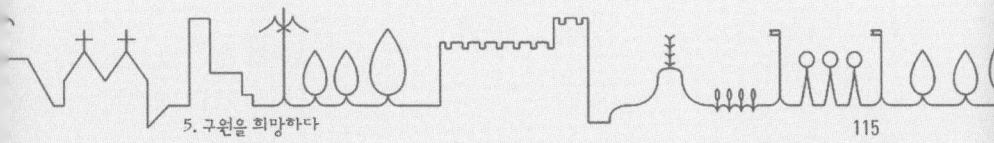

하나님이 예수 그리스도를 통해 이미 그들에게 찾아오셨는데, 그것은 인정하지 않고 또 다른 메시아가 오기만을 기다리고 있는 것입니다. 희망이 이미 와 있는데, 그것을 외면하고 다른 희망을 기다리고 있는 것입니다. 이는 예수님 시대에도 그랬고, 지금도 그렇습니다. 이스라엘에 기독교 인구가 2퍼센트밖에 되지 않습니다. 이스라엘 인구의 75퍼센트가 유대교를 신봉하는데, 그 인구가 늘어나면 늘어났지 줄어들 것 같지 않습니다.

앞에서 금문에 대해 이야기한 바 있습니다. 화강암으로 빈틈없이 밀봉된 금문은 마치 복음에 굳게 문을 닫고 있는 그들의 마음을 상징하는 것 같습니다. 굳게 닫힌 금문 뒤에 있는 예루살렘의 문제가 해결되기는커녕 점점 더 꼬여만 가는 것처럼, 복음에 마음 문이 닫히면 인생이 그렇게 얽히고설킨다는 뜻으로 보입니다. 그 해결의 희망이 인간에게는 없습니다. 오직 하늘에만 희망이 있습니다. 예수 그리스도는 하늘의 희망으로서 우리 가운데 오셨고, 문을 활짝 열고 예수 그리스도를 모셔 들이면 희망은 시작됩니다.

당신의 마음은 어떻습니까? 혹시나 주님에 대해 마음이 금문처럼 굳게 봉해진 것은 아닌지요? 희망이 곁에 와 있는데, 그 희망을 외면하고 언제까지나 자신의 모습 그대로 살아가려는 것은 아닌지요? 예루살렘을 바라보며 통곡하신 주님은 그런 사람들을 보면서도 통곡하고 계실지 모릅니다. 교회는 다니지만 그 마음 안에 주님이 없는

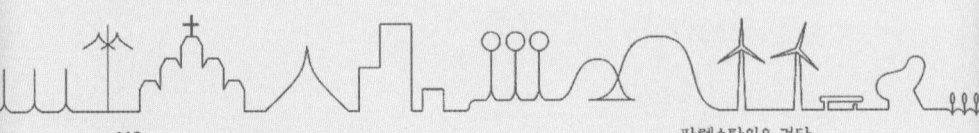

분들을 보면 목사의 마음도 때로 울고 싶은데, 주님의 마음은 오죽 더하겠습니까? 부디 그 문이 활짝 열리기 바랍니다. 주님이 만들어 내시는 희망을 볼 수 있기를 바랍니다.

혹시, 마음 문을 열고 주님을 모셔 들이기는 했는데, 주인이 아니라 손님으로 모시고 있는 것은 아닙니까? 내가 주인이 되고 주님은 필요할 때마다 도움을 청하는 정도로 남아 있는 것은 아닙니까? 그것만으로는 부족합니다. 주님이 진짜 주님이 되셔야 합니다. 하루 24시간, 매일 그렇게 주님과 동행하며 살아갈 때, 나로서는 어쩔 수 없던 일들이 주님의 능력으로 변화되고 진정한 희망이 시작됩니다. 내가 변화되면 내 가정이 변화되고, 내 가정이 변화되면 그 변화가 내가 속한 사회로 번져 나갑니다.

그러므로 이미 우리에게 와 있는 희망이 내 것이 되도록 주님을 더욱 깊이 모셔 들이십시오. 내 마음에, 내 모든 관계에, 내가 사는 세상 안에 더 깊이 주님을 주인으로 받아들이십시오. 뿐만 아니라, 오늘 주님 안에서 경험하는 모든 경험이 완전하게 드러나는 날을 기다리십시오. 주님이 다시 오셔서 새 하늘과 새 땅이 이루어지고 모든 죽은 자들이 부활하는 날, 그날이 옵니다. 그 소망을 품고 오늘 이곳에서 주님과 매일 동행하기를 힘쓰는 것, 바로 그것이 주님이 열어 놓으신 평화의 길을 걷는 것입니다.

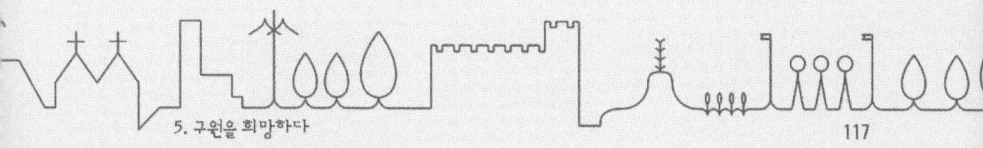

희망으로 우리 곁에 오신 주님,
저희의 마음을 활짝 엽니다.
마음에 있는 모든 것을
치웁니다.
오소서, 주님.
중심에 오소서.
깊이, 깊이 오소서.
오셔서 주인 되소서.
아멘.

묵상을 위한 질문

1. 예루살렘은 인간 현실의 상징입니다. 당신의 삶에도 예루살렘의 현실과 같은 상황이 있습니까? 왜 그런 현실이 생겨났다고 생각합니까?

2. 예수 그리스도가 오심으로 당신의 삶에 일어난 변화가 있습니까? 어떤 변화가 어떻게 일어났는지 돌아보십시오. 예수 그리스도가 모든 문제에 대한 근본적 해결책임을 인정합니까?

3. 예수 그리스도를 더 깊이 모셔 들이려면 어떻게 해야 할까요? 마음 문 바깥에 있는 분을 안으로 모시려면, 그리고 손님이 아니라 주인으로 모시려면 어떻게 해야 할까요?

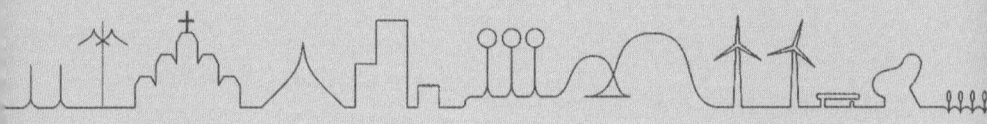

6장

예수가 필요하다
통곡의 벽

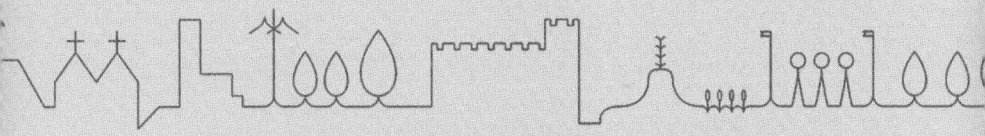

철저한 헌신

한국이나 미국에서 기독교 신앙을 가지는 것은 위험하지도 않고 큰 손실을 각오하지 않아도 됩니다. 선교하고 전도하는 것도 그렇습니다. 보통 '전도'evangelism는 구체적으로 예수 그리스도의 복음을 전하는 것을 가리키고, '선교'mission는 그리스도의 사랑으로 이웃을 섬기는 것을 가리킵니다. 복음을 받아들이고 그리스도인이 되면 영적 축복뿐만 아니라 현세에서도 여러 가지의 유익을 얻을 수 있습니다. 건전하고 건강한 생활을 할 수 있고, 쓸데없는 허비를 하지 않기에 경제적 형편이 좋아지기도 하며, 믿음의 공동체로부터 돌봄과 지원을 받을 수도 있습니다. 그렇기 때문에 '전도는 이웃에게 줄 수 있는 가장 좋은 선물'이라고 말하는 것입니다.

하지만 이스라엘과 아랍 국가에서는 상황이 전혀 다릅니다. 그리스도인은 차별당하고 박해받는 소수자에 속합니다. 이스라엘 인구 중 그리스도인은 가톨릭교와 개신교와 정교회 등 모든 종파를 합쳐서 2퍼센트밖에 되지 않습니다. 이 지역에 사는 아랍인들 즉 팔레스타인인들 중 그리스도인은 한때 20퍼센트 정도였는데, 박해와 테러의 위협 때문에 꾸준히 이주하여 이제는 5퍼센트밖에 되지 않는다고 합니다. 유대인의 절대 다수는 유대교인들이고, 아랍인들의 절대

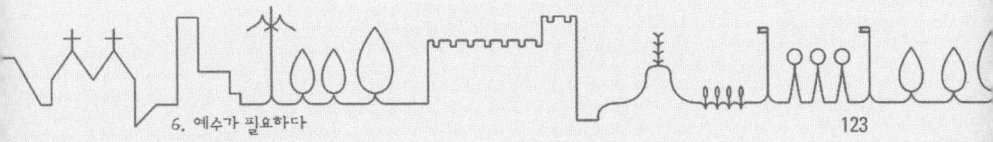

다수는 무슬림입니다. 뿐만 아니라, 유대교인과 무슬림들이 자기 종교에 바치는 헌신의 정도는 그리스도인들을 부끄럽게 만들 정도로 대단합니다.

예루살렘에 가면 꼭 방문하는 곳이 '통곡의 벽'the Wailing Wall입니다. 영어로 Western Wall이라고도 부릅니다. 솔로몬의 성전이 서 있는 곳을 '성전산'the Temple Mountain이라고 부르는데, 지금은 전체가 무슬림의 소유로 되어 있습니다. 유대인들은 특별한 경우에만 그곳에 들어갈 수 있고, 보통 사람들은 출입할 수 없습니다. 유대식의 종교 행위는 철저하게 금지되어 있고 유대인에게는 유대인 구역에 속한 서쪽 외벽만 열려 있습니다. 그래서 유대인들은 그 벽을 만지면서 눈물로 기도합니다. 화강암을 깎아 쌓은 성벽 사이에는 기도문을 적은 쪽지가 수없이 꽂혀 있습니다.

생각해 보면 유대인 혹은 유대교인의 입장에서는 정말 눈물 나는 일입니다. 유대인들의 신앙에는 세 가지 기둥이 있습니다. 첫째가 약속의 땅이고, 둘째가 율법이며, 셋째가 성전입니다. 성전은 하나님이 자신의 이름을 두겠다고 약속하신 곳입니다. 솔로몬이 성전을 지은 이후로 이스라엘 사람들은 수백 년간 그곳에서 제사를 지내며 하나님을 섬겨 왔습니다. 그런데 그 거룩한 곳을 빼앗겼습니다. 게다가 그 자리에 다른 종교의 사원이 서 있습니다. 그것을 생각하면 통곡의 벽에서 머리를 찧으면서 기도할 충분한 이유가 있겠다 싶습니다.

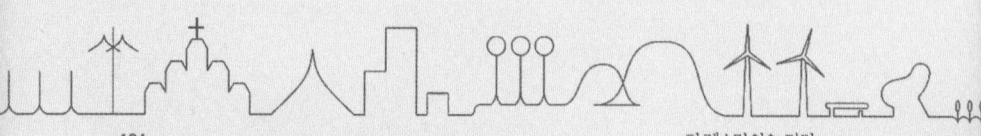

우리 일행도 통곡의 벽 앞에 서서 기도했습니다. 물론, 저의 기도는 유대교인들의 기도와는 달랐습니다. 예수님은 예루살렘 성전이 효력을 다했다고, 그래서 하나님의 심판이 성전에 임할 것이라고, 그리고 이제는 하나님과 전혀 다른 관계가 시작될 것이라고 예언하셨습니다. 그 심판의 예언은 주후 70년에 로마군을 통해 실현되었습니다. 그러므로 그리스도인들에게는 성전산이 누구의 소유가 되는지가 중요하지 않습니다. 기독교 신앙에서 예루살렘 성전은 특별한 의미를 가지지 않습니다. 다만, 성전산을 둘러싼 그 오랜 갈등과 투쟁이 평화로이 풀리기만을 기도할 따름입니다.

나는 따가운 뙤약볕 아래서 통곡의 벽에 기대어 기도를 드린 다음, 주위를 둘러보았습니다. 성벽에 연결된 건물 아래로 통로가 만들어져 있고, 성벽을 따라 경전과 성물들이 진열된 그곳에 들어가 보니 전통적인 복장을 입은 유대교인들이 늘어서서 소리 내어 기도하고 있었습니다. 아마도 하루 종일 혹은 밤을 새워, 혹은 며칠 또는 몇 주일 그렇게 하고 있는 것 같았습니다.

그들의 모습을 보면서 두 가지 생각이 들었습니다. 한편으로는 '과연 하나님은 저렇게까지 하기를 원하실까?'라는 의문이 들었습니다. 그런 회의감이 들면서도 다른 한편으로는 제 신앙에 대한 개인적 헌신과 열정이 부끄러웠습니다.

그들에게서는 복음이 들어갈 바늘구멍만 한 틈도 발견할 수 없었

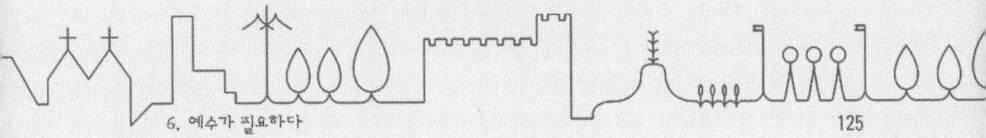

• 통곡의 벽에 붙여 만든 실내 공간. 전통적인 유대교 복장을 하고 기도와 암송을 하고 있다.

• 서쪽 외벽에서 벽을 만지며 기도하는 유대인들.

• 성벽 사이에 꽂힌 기도문 쪽지들.

• 통곡의 벽은 보수적인 유대교 전통에 따라 남성 영역과 여성 영역이 나뉘어 있다.

• 메카를 향해 절하는 무슬림들.

습니다. 그들은 유대인 특유의 자부심을 가지고 오직 자신의 종교만을 붙들고 살 것이 확실해 보였습니다. 중년 혹은 노인들이 대부분이었지만, 새파란 젊은이도 있었습니다. 그 젊은 나이에 그렇게 자신의 종교에 몰두하고 있는 것을 보니 섬뜩해졌습니다.

무슬림의 경우도 다르지 않습니다. 우리는 성지를 다니며 시간을 맞추어 메카 방향을 향해 절하는 무슬림들을 자주 만났습니다. 수백 수천 명의 신도들이 이슬람 사원에서 열을 지어 일제히 절하는 모습이나, 라마단 절기에 거대한 광장에서 거대한 군중이 절하는 모습을 볼 때면, 그들의 믿음이 얼마나 강력한 것인지를 느낄 수 있습니다. 그들이 가진 이슬람 신앙 외에 그 어떤 다른 것도 들어갈 틈이 보이지 않았습니다.

예수가 아니면?

이스라엘은 복음이 들어가기에 가장 어려운 나라 중 하나입니다. 참으로 아이러니 중 아이러니입니다. 예수님은 유대인으로 태어나셨고 이스라엘 신앙의 뿌리를 이은 분인데, 정작 유대인들로부터 가장 철저한 외면을 받아 왔습니다. 사시던 당시부터 지금까지 2천 년 동안 그래 왔습니다.

아랍권도 마찬가지입니다. 아랍권 국가에서 그리스도인으로 살려면 여러 가지 손해와 박해를 감수해야 합니다. 7세기부터 기독교와 이슬람은 피비린내 나는 전쟁을 해 왔기 때문에 무슬림들에게는 그리스도인에 대한 본능적 적대감과 의심이 깊이 박혀 있습니다. 많은 아랍권 국가에서 선교와 개종은 법으로 금지되어 있습니다. 개종 자체가 사회적 죽음을 의미하고, 때로는 육체적 죽음을 초래하기도 합니다.

이렇듯 이스라엘이나 아랍권 국가에서 예수를 믿는다는 것은 생사를 가르는 문제입니다. 가족과 친지, 사회로부터 완전히 버림받고,

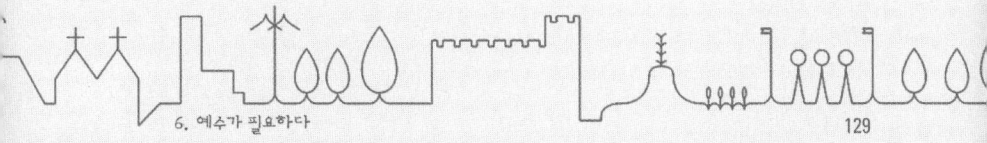

끊임없는 압력과 박해에 노출됩니다. 그런 상황에서 자신의 믿음을 지키는 것만도 보통 일이 아닙니다. 예수님이 생명보다 더 귀하다는 철저한 믿음이 있어야만 버틸 수 있습니다. 이곳에서 예수를 믿는 것은 미국이나 한국에서 예수 믿는 것과는 상당히 다릅니다.

그러니 전도를 하기란 더더욱 어려운 일입니다. 우선, 씨도 안 먹힐 것 같아 보입니다. 유대교인들과 무슬림들이 자신들의 종교에 바치는 헌신은 완고하다 싶을 정도이며, 거의 맹목적 복종처럼 보입니다. 그들은 다른 누구의 말을 들으려 하지 않습니다. 그들에게 다가가 복음을 전한다는 것은 쇠귀에 경을 읽는 것과 같은 일입니다. 뿐만 아니라, 전도는 위험한 일입니다. 이스라엘에서도 그렇지만, 아랍권 국가에서는 전도하는 사람도 전도를 받아 개종하는 사람도 많은 것을 잃을 각오를 해야 합니다. 때로는 목숨까지 바쳐야 합니다.

우리를 인도한 현지 가이드에 의하면, 요르단에는 '명예살인' 관습이 아직도 존재한다고 합니다. 즉 가족의 명예를 지키기 위해 행하는 살인은 범죄가 아니라고 생각하는 것입니다. 대표적인 경우가 다른 종교로 개종한 가족을 살해하는 것입니다. 정확한 사실 확인이 필요하지만, 이런 이야기도 회자되고 있습니다. 얼마 전 영국에서 유학 생활을 하던 요르단 여성이 영국 남자와 사랑에 빠지게 되었고 그 남자를 따라 기독교로 개종했습니다. 그 소식을 들은 삼촌이 비밀리에 영국에 들어가 조카를 살해하고 돌아와 당당히 자수했다고

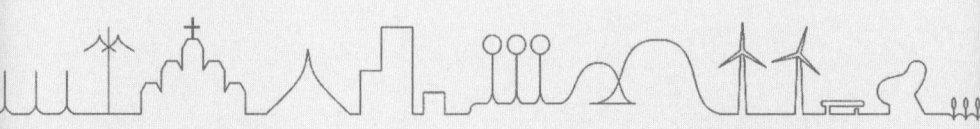

합니다. 가족의 명예를 지키기 위해 살해한 것이니 자랑스럽게 여기는 겁니다.

이런 상황들 앞에 서면, 선교와 전도에 대해 가지고 있던 생각과 믿음이 흔들립니다. 정직한 사람이라면, 이런 질문을 피할 수 없습니다. '과연 이들에게도 선교와 전도를 해야 하는가? 그 모든 위험에도 불구하고, 아무 열매도 기약할 수 없는 상황에서도 해야 하는가? 차라리 저들을 각자의 신앙에 맡겨 두고, 그들에게 쏟을 시간을 다른 사람에게 쏟는 것이 더 현명한 일이 아닌가?'

나는 성지를 다니는 동안 이 질문들과 수차례 씨름했고, 돌아오고 나서도 여전히 고민해야 했습니다. 이는 대충 얼버무리기에는 너무도 중요한 질문입니다. 그런 상황에서도 계속 전도해야 한다면 분명한 이유가 있어야 합니다. 죽고 사는 문제가 걸려 있다면 확실한 대답을 얻어야 합니다. 그래서 기도하며 답을 구했습니다. 그리고 이 모든 질문들은 결국 다음 두 가지 큰 질문으로 수렴된다는 사실을 알게 되었습니다. 첫째, 예수 믿는 것은 죽고 사는 것보다 더 중요한 일인가? 둘째, 예수가 아니면 안 되는가?

첫 번째 질문은 답하기가 비교적 쉽지만, 그렇게 살기는 어렵습니다. 예수 믿는 것은 죽고 사는 것보다 더 중요한 일입니다. 영원하신 하나님의 자녀로 회복되어 영생을 얻는 길이기 때문입니다. 세상은 망원경으로 관찰할 수 있는 것보다 더 크고, 생명은 목숨보다 더 영

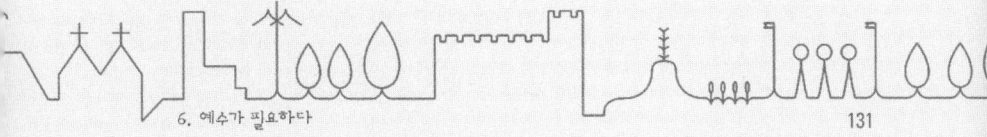

원한 것입니다. 예수 믿는 것은 영원한 세상인 하나님 나라를 보는 것이며, 영원한 생명을 얻는 것입니다. 지난 2천 년간 수많은 사람들이 목숨 대신 예수를 택한 이유가 여기 있습니다. 지금도 믿음이냐 죽음이냐의 선택 앞에서 담대히 믿음을 택하고 순교하는 사람들이 줄을 잇고 있습니다.

두 번째 질문은 답을 찾는 것 자체가 어렵습니다. 과연 예수가 아니어도 죄사함을 받고, 살아 계신 하나님을 만나고 그 자녀가 될 수 있는가? 예수가 아니어도 성령의 은사를 받고 새 사람으로 변화되며, 가야 할 길과 살아야 할 진리를 알 수 있는가? 예수가 아니어도 인류에게 진정한 희망이 있는가? 예수가 아니어도 마지막 날 부활할 수 있는가? 굳이 예수가 아니어도 된다는 생각을 '다원주의'라고 부릅니다. 그렇게 생각하는 사람들은 다른 종교인들에게 굳이 선교와 전도를 하지 않아도 된다고 생각합니다.

신앙을 가진 사람들 가운데 '내가 한국에서 태어나서 예수를 믿었을 뿐, 인도에 살았으면 힌두교를 믿었을 것'이라고 생각하는 사람들이 있습니다. 혹은 '나는 예수님을 여러 성인들 중 한 분으로 믿는다. 그러니 굳이 예수가 아니어도 상관없다'고 생각하는 사람들도 있습니다. 그런 사람들은 예수가 아니어도 된다고 대답할 것입니다.

나를 누구라 하느냐?

예수님을 어떻게 믿느냐는 각자의 자유입니다. 누가 강요할 수 있는 것은 아닙니다. 각자 자신이 본 대로, 느낀 대로 믿는 것입니다. 어떻게 믿느냐는 각자의 자유이지만, 자신이 믿는 바가 제대로 된 것인지는 한 번쯤 따져 보아야 합니다. 예수를 '제대로' 믿는다는 말은 예수님이 자신에 대해 생각한 그대로 그분을 믿는 것을 말합니다.

예수님을 예수님이 생각한 그대로 믿는다는 말은 무슨 뜻입니까? 사실, 예수님은 그분이 스스로를 생각하는 바와 동일하게 제자들도 자신을 믿어 주기를 바라셨습니다.

갈릴리 지역에서 활동하신 주님은 예루살렘으로 올라갈 때가 되었다고 느끼셨을 때 제자들을 데리고 사람들이 알아보지 않는 가이사랴 지방의 빌립보로 갔습니다. 일종의 수양회를 떠난 것입니다. 그곳에서 주님이 제자들에게 묻습니다.

사람들이 인자를 누구라고 하느냐? (마 16:13)

그러자 제자들이 앞을 다투어 자신들이 들은 이야기를 털어놓습니다. 세례 요한이 다시 나타났다고 말하는 사람도 있었고, 죽지 않

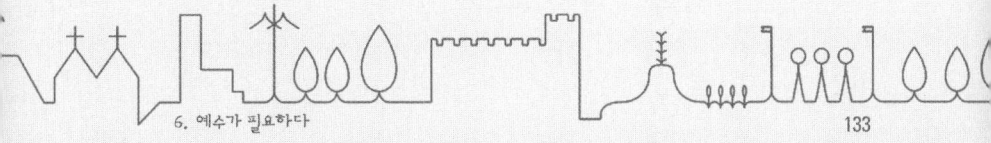

고 하늘로 들려 올라간 엘리야가 다시 왔다고 생각하는 사람도 있었습니다. 혹은 예레미야 같은 예언자일 것이라고 믿는 사람도 있었습니다. 각자 자신이 보고 느낀 대로 믿었습니다. 제자들의 대답을 한참 듣고 있던 주님이 다시 묻습니다.

그러면 너희는 나를 누구라고 하느냐? (15절)

예수님이 정작 묻고 싶었던 것은 바로 이 질문입니다. 아직 정답이 나오지 않았기 때문입니다. 예수님에 대해 어떻게 생각하느냐는 각자의 자유이지만, 진리 앞에서는 자유가 중요한 것이 아닙니다. 진실을 제대로 아는 것이 중요합니다. 예수님에 대해 바로 알아야 합니다. 예수님은 아직 '내가 누구다'라고 선전하거나 가르치지 않았습니다. 다만 그분에게 주어진 부르심에 따라 가르치고 행하셨습니다. 그분의 가르침과 행동을 보고 그분이 누구인지를 알아보아야 합니다. 그리고 예수님은 이즈음에 제자들이 그것을 알아차리기를 기대하셨습니다. 베드로가 대답합니다.

선생님은 살아 계신 하나님의 아들 그리스도십니다. (16절)

아마도 이것은 베드로 혼자 가지고 있던 생각이 아니었을 것입

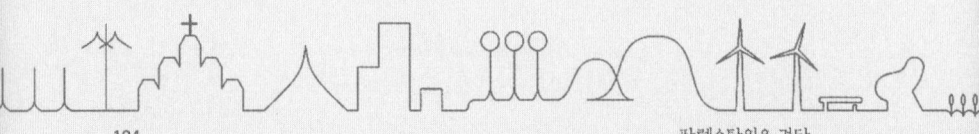

니다. 예수님이 없는 자리에서 제자들이 수없이 질문하고 답하며 얻은 결론이었을 것입니다. 그들이 보기에 그분은 하나님이 보내기로 약속한 구원자셨습니다.

예수님은 일단 그 대답을 칭찬해 주십니다. 하지만 아직은 그 사실을 발설하지 말라고 당부하십니다. 그들이 더 보아야 할 것이 있었기 때문입니다. 그들은 예수님에게서 터져 나오는 권위 있는 말씀과 이적의 능력만을 보았지만, 더 볼 것이 남아 있었습니다. 그것까지 보아야만 예수님이 왜 구원자인지, 예수님의 구원이 어떤 것인지를 다 알 수 있습니다. 그것은 바로 십자가에서의 죽음입니다. 그래서 자신이 그리스도라는 사실을 발설하지 말라고 당부하신 것입니다.

진리는 배타적이다

예수님은 하나님의 아들로 우리에게 오셔서 구원자가 되셨습니다. 히브리어 '메시아'와 헬라어 '그리스도'는 같은 뜻으로, 마지막 날 인류의 구원을 위해 하나님이 보내실 분을 가리키는 말입니다. 예수님은 자신이 메시아라 믿으셨고, 제자들도 그렇게 믿었습니다. 예수님은 바로 그 믿음의 고백 위에 교회를 세우겠다고 하셨습니다.

만일 예수님이 믿은 대로 그리고 제자들이 믿은 대로 그분을 구

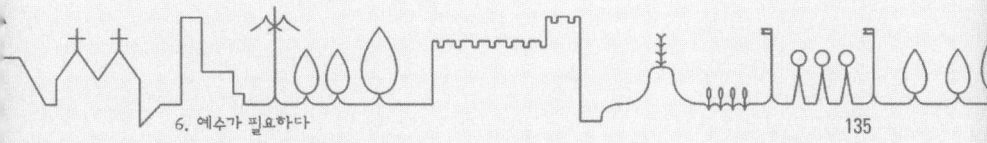

원자로 믿는다면, 우리는 '예수가 아니면 안 됩니다'라고 말할 수밖에 없습니다. 다른 것은 몰라도, 인간이 죄의 문제를 청산하고 하나님의 자녀로 회복되어 새 사람으로 살아가며 이생과 내생에서 영원한 생명을 누리려면, 예수가 아니면 안 됩니다. 이 땅에 진정한 평화가 임하고 하나님 나라의 기쁨이 임하게 하려면, 예수 아니면 안 됩니다. 그것이 교회가 서 있는 신앙 고백입니다.

그러므로 예수가 아니어도 된다고 생각한다면, 그것은 기독교 신앙이라고 할 수 없습니다. 메시아로 오셔서 메시아로 사시고 메시아로 죽으시고 부활하셔서 영원한 구원자로 역사하시는 예수님께 '나는 당신을 메시아로 믿지 않습니다. 인류의 위대한 스승으로 존경할 뿐입니다'라고 말하는 사람은 주님을 모독하는 사람이며, 그에게는 그분의 구원이 미치지 않습니다. 그것은 마치 오바마 대통령을 만나 "나는 당신을 대통령으로 생각하지 않습니다. 지역 사회 봉사자 community organizer(선거 당시 힐러리 후보가 오바마 후보를 깎아 내리며 사용한 표현)로 존경할 뿐입니다"라고 말하는 것과 별로 다르지 않습니다.

이 대목에 이르러 '아, 기독교의 독선과 배타성이 또 나오는구나!'라고 생각하는 분들이 있을 것입니다. 기독교가 가장 많이, 그리고 자주 비판받는 점이 바로 독선과 배타성입니다. 지난 세월 동안 기독교는 독선적이고 배타적인 태도로 많은 잘못을 범해 왔습니다. 특별히 그리스도인이 다수가 되고 부와 권력을 가졌을 때는 더욱 그랬고, 지금도 그런 잘못이 일어나고 있습니다. 그에 대해서는 저도 참으로 안타깝게 생각하고 있습니다.

하지만 그런 잘못에 대한 반성이 '예수가 아니어도 좋다'는 쪽으로 기울면 안 됩니다. 지식은 포용적일지 몰라도, 진리는 자주 배타적입니다. 문제는 우리가 구원의 진리를 잘못 이해하고 잘못 행동한 데 있습니다. 예수가 아니면 안 된다는 믿음을 제대로 이해한다면, 겸손하고 낮은 자세로 복음을 전했어야 합니다. 자기가 믿는 것에 대해 자신이 없을 때 독선적이고 배타적인 자세가 나오기 때문입니다. 복음의 능력을 진실하게 믿는다면 그런 태도가 나올 수 없습니다. 복음의 능력을 믿지 못하니 돈의 힘에 의존하고, 총과 칼의 힘에 의존하며, 권력의 힘에 의존하는 것입니다.

예수님이 '죽임당하신 어린양'으로서 구원을 이루셨다는 사실을 기억해야 합니다. 예수를 믿는 사람들은 칼자루를 잡아서는 안 됩니다. 복음의 능력 외에 다른 힘을 의지하는 순간 복음의 능력은 사라지고 인간적 폭력만 남습니다. 예수가 아니면 안 된다는 진리는 사랑과 희생과 헌신을 통해 드러나야 하는 진리입니다. 협박하고 강요하고 논쟁하여 입증할 진리가 아닙니다.

예수가 아니어도 된다면, 하나님이 굳이 육신을 입고 이 땅에 오지 않아도 되었습니다. 예수가 아니어도 된다면, 예수님도 굳이 예루살렘에 들어가지 않고 계속 갈릴리에서 인기를 누려도 상관없었습

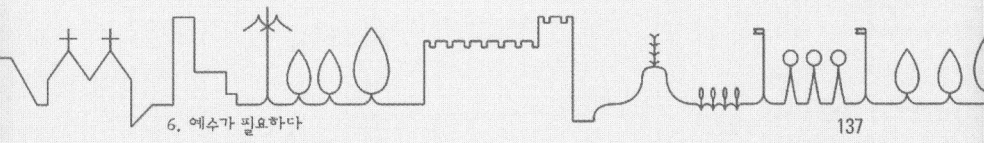

니다. 십자가를 피해도 되었을 테고 굳이 그 잔을 마시지 않아도 되었을 것입니다. 예수님이 육신을 입고 오셔서 하나님 나라의 복음을 전하시고 십자가에 달려 죽으신 것은 인류의 구원을 위해 꼭 필요한 일이었습니다. 그랬기에 십자가의 길을 피하지 않으셨습니다.

예수가 아니어도 된다면, 베드로는 어부로 살면서 소소한 재미를 즐기며 살아도 되었습니다. 굳이 로마로 들어가 십자가에 거꾸로 못 박혀 죽지 않아도 되었습니다. 예수가 아니어도 된다면, 바울은 율법 교사와 산헤드린 의원으로 살면서 부귀와 권세를 누리면 되었습니다. 굳이 동족의 박해를 피해 고생을 자초하다 마침내 참수되어 죽지 않아도 되었습니다. 예수가 아니어도 된다면, 기독교는 아예 생겨나지 않았을 것입니다. 그러므로 예수가 아니어도 된다고 말하는 것은 예수님이 괜히 죽으셨다고 말하는 셈이 됩니다.

선교, 그 아름다운 헌신

예수가 아니어도 된다면, 27세의 아펜젤러와 26세의 언더우드 선교사도 한국 땅을 밟지 않았을 것입니다. 예수가 아니면 안 된다고 믿었기에 그들은 멀고 먼 길을 건너 낯선 땅을 찾았습니다. 그 당시의 한국 상황은 지금의 이스라엘 혹은 아랍 국가의 상황보다 더 절망적

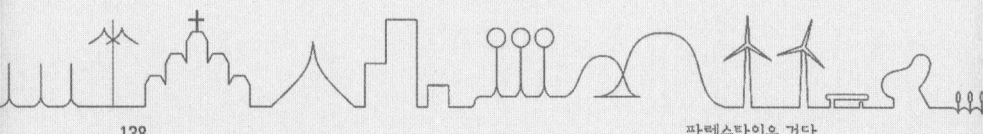

이었습니다. 소설가 정연희는 「양화진」홍성사이라는 책에서 당시 선교사들의 마음을 다음과 같은 기도문으로 표현했습니다.

주여! 지금은 아무것도 보이지 않습니다. 주님, 메마르고 가난한 땅, 나무 한 그루 시원하게 자라 오르지 못하고 있는 땅에 저희들은 옮겨 와 앉았습니다. 그 넓고 넓은 태평양을 어떻게 건너왔는지, 그 사실이 기적입니다.

주께서 붙잡아 뚝 떨어뜨려 놓으신 듯한 이곳, 지금은 아무것도 보이지 않습니다. 보이는 것은 고집스럽게 얼룩진 어둠뿐입니다. 어둠과 가난과 인습에 묶여 있는 조선 사람뿐입니다. 그들은 왜 묶여 있는지도, 고통이라는 것도 모르고 있습니다. 고통을 고통인 줄 모르는 자에게 고통을 벗겨 주겠다고 하면 의심부터 하고 화부터 냅니다.

조선 남자들의 속셈이 보이질 않습니다. 이 나라 조정의 내심도 보이질 않습니다. 가마를 타고 다니는 여자들을 영영 볼 기회가 없으면 어쩌나 싶습니다. 조선의 마음이 보이질 않습니다. 그리고 저희가 해야 할 일이 보이지 않습니다.

그러나 주님, 순종하겠습니다. 겸손하게 순종할 때 주께서 일을 시작하시고, 그 하시는 일을 우리들의 영적인 눈이 볼 수 있는 날이 있을 줄 믿습니다. "믿음은 바라는 것들의 실상이요, 보지 못하는 것들의 증거"라고 하신 말씀을 따라 조선의 믿음의 앞날을 볼 수 있게 될

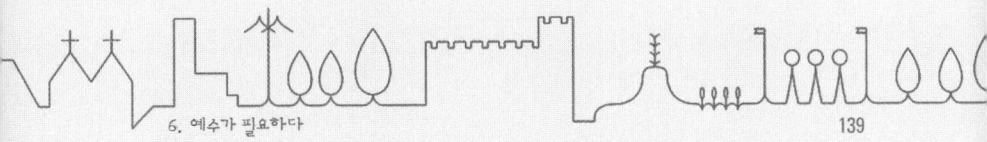

것을 믿습니다.

　지금은 우리가 황무지 위에 맨손으로 서 있는 것 같사오나, 지금은 우리가 서양귀신, 양귀자라고 손가락질 받고 있사오나, 저희들이 우리 영혼과 하나인 것을 깨닫고, 하늘나라의 한 백성, 한 자녀임을 알고 눈물로 기뻐할 날이 있음을 믿습니다. 지금은 예배드릴 예배당도 없고 학교도 없고 그저 경계와 의심과 멸시와 천대만이 가득한 곳이지만 이곳이 머지않아 은총의 땅이 되리라는 것을 믿습니다. 주여! 오직 제 믿음을 붙잡아 주소서!

　언더우드 선교사가 직접 쓴 글은 아니지만, 그 마음은 동일했을 것입니다. 예수가 아니어도 괜찮다고 믿었다면, 조선인들에게는 이미 유교도 있고 불교도 있고 무당 종교도 있으니 그들의 종교에 맡기자고 생각하고 돌아섰을 것입니다. 그들도 현실에서 엄습해 오는 걱정과 근심, 두려움을 이겨 내기가 쉽지 않았을 것입니다. 하지만 계란으로 바위를 깨뜨리려는 것처럼 무모해 보였던 그들의 선교가 마침내 수많은 영혼을 하나님 앞으로 인도하는 기적을 만들어 낸 것입니다. 그들의 헌신과 희생을 통해 믿음이 오늘 우리에게 전해진 것입니다.

　이렇게 생각하고 보면, 선교를 위해 헌신하는 분들이 얼마나 귀한지요! 물론 선교사라고 다 같지 않지만, 하나님 앞에 귀한 헌신을 하는 선교사들이 참으로 많습니다. 아펜젤러와 언더우드처럼 도무

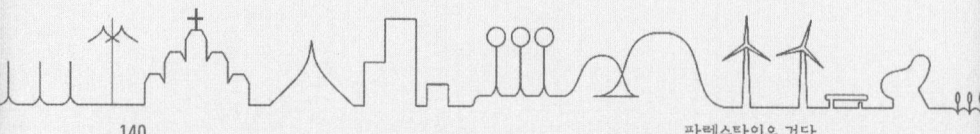

지 희망이 보이지 않는 곳에서 평생에 걸쳐 단 한 영혼을 건지더라도 좋다는 결의로 겸손하고 신실하게 현지인들을 사랑하며 섬기는 분들 말입니다. 이번 여정 중에도 그런 분들을 여럿 만났습니다. 평생의 헌신으로 한 사람만 건지면 된다고 믿고 전 생애를 아랍인들을 위해 바치는 분들을 보고 나는 무한한 부끄러움을 느꼈습니다.

이 지점에서 잠시 멈추어 자신에게 진지하게 질문해 봅시다. 나도 예수가 아니면 안 되는가? 과연 당신에게는 베드로의 고백이 있습니까? 베드로가 예수님께 드린 고백을 풀어 쓰면 이런 것입니다.

주님, 저에게는 주님밖에 없습니다. 저를 구원하실 분은 주님뿐입니다. 주님을 믿고 의지합니다. 저를 구원하여 주소서.

이 고백이 진실하다면, 믿음은 우리에게도 생사의 문제가 될 것입니다. 미국이나 한국에서 믿음은 교양의 문제가 되기도 하고 취미의 하나로 전락하기도 합니다. 그런 믿음은 우리를 구원하지 못합니다. 예수님이 누구이며 그 믿음을 통해 얻는 것이 무엇인지를 제대로 알면, 아랍권에 사는 그리스도인들처럼 모든 것을 잃고 심지어 생명까지 잃는다 해도 믿음을 포기하지 않을 것입니다. 그것이 진짜 믿음입니다. 그 믿음이 당신에게 있습니까?

예수가 아니면 안 된다고 진실로 믿는다면, 매일 그 복음을 실천

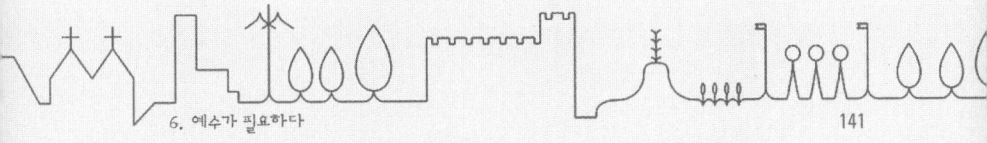

할 뿐 아니라 복음을 전하는 일에 열심을 내야 합니다. 예수 믿는 것이 생사의 문제보다 더 중요한 문제라면, 그 생명의 물이 내 안에만 고이게 만들면 안 됩니다. 복음에 문을 닫고 사는 사람을 만나서 '나는 이렇게 살 테니, 당신은 그렇게 살다 가라'고 말할 수 없습니다. 그 사람도 예수가 아니면 안 되기 때문입니다. 그래서 그 사람을 주님 앞으로 인도하기 위해 끊임없이 기도하고 복음을 나눌 수밖에 없습니다. 만일 우리가 전도에 관심이 없다면, 예수가 아니어도 된다고 믿고 있는 셈입니다.

뿐만 아니라, 예수가 아니면 안 된다고 진실로 믿는다면 선교사들을 귀하게 여기고 그들을 위해 기도하며 물질로 헌신해야 합니다. 한국의 어느 교회에서 사용하는 구호가 있습니다. "가라, 아니면 보내라." 선교사로 나서거나 선교사를 도우라는 말입니다. '나만 잘 믿으면 되지!'라고 생각해서는 안 됩니다. 얼른 들으면 매우 성숙한 생각처럼 보이지만 실은 매우 이기적이고 악한 생각입니다. 우리가 믿는 예수님이 어떤 분인지를 제대로 안다면 그렇게 말할 수 없습니다. '잘 믿는' 사람이라면 전도와 선교에 대해 빚진 마음을 가지게 되어 있습니다.

예수여야만 하는 분명한 이유가 있습니다. 그래서 베드로는 이렇게 증언했습니다.

이 예수밖에는 다른 아무에게도 구원은 없습니다. 사람들에게 주신 이름 가운데 우리가 의지하여 구원을 얻어야 할 이름은 하늘 아래에 이 이름밖에 다른 이름이 없습니다. (행 4:12)

이 믿음을 지킵시다. 이 믿음 안에서 살아갑시다. 예수가 아니고는 안 된다는 사실을 체험으로 간증할 수 있도록 매일 주님과 동행합시다. 그리고 이 믿음을 전합시다. 온 세상 만민이 주님의 이름 앞에 돌아올 때까지 개인적으로 그리고 교회와 함께 전도하고 선교하는 일을 귀하게 여기고 헌신합시다. 우리 인생을 통해 할 수 있는 가장 값진 일은 주님께 돌아오는 영혼을 얻는 일이기 때문입니다.

주님,

주님 아니고는 안 됩니다.

그래서 주님만을 붙듭니다.

주님의 구원을 경험하게 하소서.

주님 아니고는 안 됩니다.

그래서 주님을 전합니다.

저희를 붙드시어

주님 뜻 이루소서.

아멘.

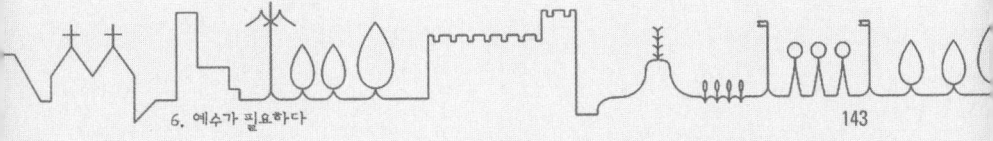

> 묵상을 위한 질문

1. 전도와 선교에 대해 가지고 있던 생각을 성찰하십시오. 고쳐야 할 것이 있다면 무엇입니까? 어떻게 고쳐야 한다고 생각합니까?

2. 당신에게 예수가 아니고는 안 되는 이유를 생각해 보십시오. 당신에게 일어난 변화가 예수가 아니고는 일어날 수 없는 일입니까? 예수를 통해 당신에게 꼭 일어나야 할 변화는 무엇입니까?

3. 전도와 선교와 관련한 당신의 경험을 반추해 보십시오. 잘한 점은 무엇이고, 잘못한 점은 무엇입니까? 앞으로 전도와 선교에 대해 어떻게 하려 합니까?

7장
—

십자가는 살아 있다
비아 돌로로사

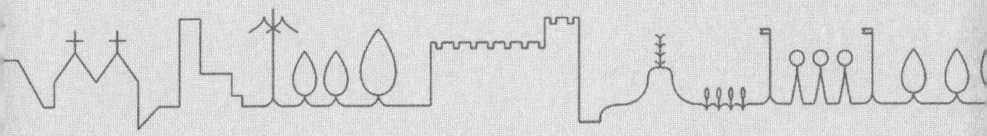

예루살렘의 뒷골목

이번 성지순례의 절정이 예루살렘이라면, 예루살렘 순례길의 절정은 뭐니 뭐니 해도 '비아 돌로로사' Via Dolorosa 입니다. 비아 돌로로사는 '고난의 길' 혹은 '슬픔의 길'이라는 뜻의 라틴어입니다. 예수님이 빌라도 총독에게 십자가형을 언도받은 총독 관저에서 매장되셨던 무덤까지 이르는 길을 가리킵니다.

십자가 처형은 인간이 개발해 낸 가장 잔인한 처형 방법입니다. 사형수는 십자가에 매달려 빠르면 이삼 일, 최대 열흘까지 고통받다가 죽습니다. 십자가에 달린 예수님 조각이나 그림을 보면, 허리에 천을 두르고 있습니다만, 실제로는 완전히 발가벗겨졌습니다. 수치와 고통의 극대치를 느끼게 하는 것이지요. 또한 십자가 처형은 보는 사람에게 치를 떨게 하는 공포감을 전해 줍니다. 한 사람에게 벌을 주어 백 명을 훈계한다는 '일벌백계'—罰百戒 라는 말도 있습니다만, 이 십자가형은 한 사람에게 벌을 주어 수천 명에게 훈계를 주는 '일벌천계'의 처벌 방법입니다. 그래서 십자가형은 주로 정치범에게 행했습니다. 로마 정부가 가장 신경을 썼던 것이 반란이었기 때문입니다.

당시 이스라엘은 로마의 지배 아래 있었기 때문에 로마 총독만이 사형을 결정할 수 있었습니다. 로마 총독이 머무는 곳을 '안토니오

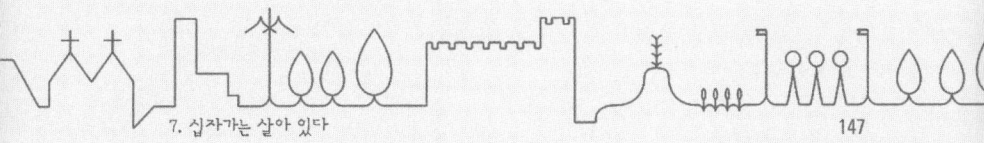

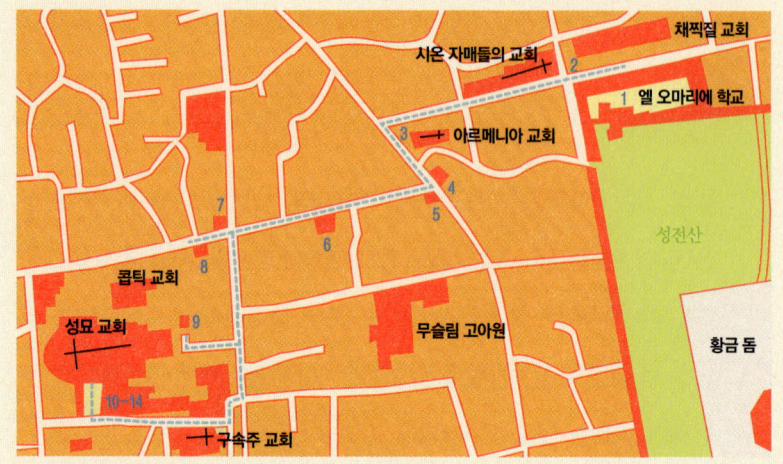

• 예수님이 십자가를 지고 걸으신 비아 돌로로사.

요새'라고 불렀는데, 그곳이 재판정으로 사용되었습니다. 그곳에서 십자가형을 언도받으면, 사형수는 심한 매질로 고문당한 후에 십자가를 메고 처형장까지 걸어가야 했습니다. 어떤 십자가를 졌느냐에 대해서는 이견이 좀 있습니다. 어떤 이들은 십자가 형틀 전체를 지고 갔다고도 하고, 어떤 이들은 세로대는 처형장에 세워져 있었고 가로대만 지고 갔다고 말하기도 합니다. 고고학적 증거는 아직 한쪽으로 완전히 기울지 않았습니다.

비아 돌로로사에는 열네 개의 이정표가 있습니다. 그것을 가리켜 '십자가의 열네 장소'라고 부릅니다. 가톨릭 교회는 일찍이 예수님이 십자가를 지고 가시던 중에 일어난 열네 가지 일들을 조각이나 그림으로 만들어 놓고, 그것을 보며 기도하고 묵상하는 전통을 시작했습니다. 가톨릭 성당이나 수양관에 가면 흔히 볼 수 있습니다. 그 순서는 다음과 같습니다.

1. 총독 관저: 예수님이 재판을 받은 곳
2. 십자가를 지신 곳
3. 첫 번째로 쓰러진 곳
4. 어머니 마리아를 만난 곳
5. 구레네 사람 시몬이 십자가를 대신 진 곳
6. 베로니카라는 여인에게서 손수건을 넘겨받은 곳
7. 두 번째로 쓰러진 곳
8. 울면서 따라오는 여인들에게 말씀하신 곳
9. 세 번째로 쓰러진 곳
10. 로마 병사들이 옷을 벗긴 곳
11. 십자가에 못 박힌 곳
12. 십자가가 서 있던 곳
13. 예수님의 시신을 내린 곳
14. 시신이 매장된 곳

여섯 번째 사건만 제외하면 모두가 복음서에 기록되어 있습니다.

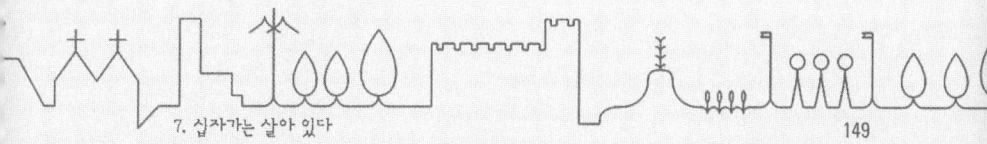

• 성묘 교회.

• 성묘 교회 뒷편.

베로니카 이야기는 교회 전통에서 전해 내려오는 전설에 기초한 것입니다.

우리 일행도 예수님이 재판 받은 자리에서 출발해 순서대로 걸어 올라갔습니다. 하지만 열네 장소를 다 볼 수는 없었습니다. 무슬림 구역에 속한 여덟 번째 장소에서 돌아 나와야 했기 때문입니다. 다행히 열 번째부터 열네 번째 장소까지는 '성묘 교회'the Church of the Holy Sepulchre에서 볼 수 있었습니다. '거룩한 무덤 교회'라는 말 뜻 그대로 예수님의 무덤이 있던 곳에 세워진 기념 교회입니다.

주님 걸으신 길

비아 돌로로사는 넓이가 1미터 남짓한 좁은 골목길입니다. 길 양쪽으로는 기념품과 음식을 파는 가게들이 즐비하게 늘어서 있고, 상인들이 손님을 끄는 소리로 시끄럽습니다. 좁은 골목은 오고 가는 순례객들로 가득합니다. 남대문 시장이나 동대문 시장 골목을 옮겨다 놓은 것 같습니다. 그 길을 걸으면서 기도하고 묵상하는 것은 보통의 영적 내공으로는 할 수 없는 일입니다.

그 길을 걸으면서 무엇인가 참 아쉬웠습니다. 수도원의 정원처럼 정갈하게 가꾸어져 있고 사람도 별로 없어서 조용히 그리고 천천히

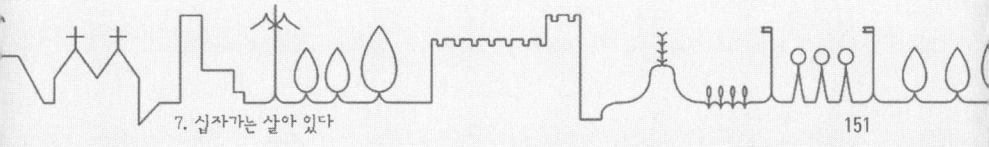

• 비아 돌로로사 골목에는 이 같은 가게가 늘어서 있다.

걸으며 복음서를 읽고 묵상하며 기도할 수 있다면 얼마나 좋았을까 싶었습니다.

그렇게 아쉬움을 씹으며 걷고 있는데, 어느 순간 '그게 아니다!'라는 생각이 들었습니다. 예수님이 십자가를 지고 그 거리를 지나실 때도 상황은 크게 다르지 않았을 것이라는 생각이 들었습니다. 그때도 유월절 축제를 위해 몰려온 순례객들이 가득했을 것이고, 그들의 호주머니를 털기 위해 상인들이 부산을 떨었을 것입니다. 그런 가운데 주님은 십자가를 지고 그 길을 헤집고 지나가신 것입니다. 그렇게 생각하니 더 실감이 나는 것 같았습니다.

그날 저녁, 숙소에 돌아와 눈을 감고 다시 그 길을 걷는 상상을 해 보았습니다. 십자가를 지고 그 길을 걸으셨던 주님의 마음이 어땠을까 생각해 보았습니다. 지금처럼 그때도, 사람들은 물건 파는 일과 구경하는 일에 마음을 빼앗겼을 것입니다. 십자가를 지고 가는 주님을 보면서 속으로 '또 한 사람 죽는구나' 생각하고 값싼 동정을 던졌을 것입니다. 주님은 바로 그들을 구원하기 위해 그 고난을 당하고 계셨는데, 정작 그들은 아무 관심도 없었습니다. 그들의 차가운 무관심으로 인해 주님은 육체적 고통보다 더 깊은 외로움과 절망을 느끼셨을 것 같습니다. 그런 생각에 잠겨 일기에 다음과 같이 기도문을 적었습니다.

주님,

세상은 이렇게

변한 것이 없습니다.

주님이 이 길을 걸으실 때도

사람들은 다 각기

제 살기에 바빠

그 길에서 무슨 일이 일어나고 있는지

관심이 없었지요.

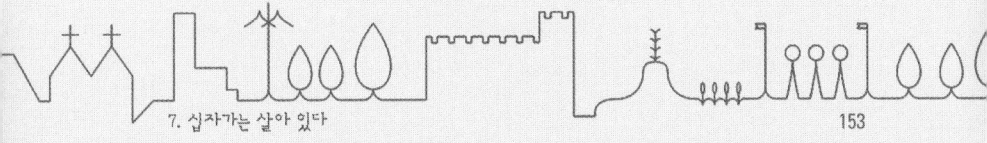

그때도 주님은

그 길을 홀로 걸으셨지요.

그들의 구원을 위해

주님은 그 길을 걸으셨지만

정작 그들은

딴전을 피우고 있었습니다.

이천 년 후

주님이 걸으신 그 길을 걸으며 보니

하나도 변한 것이 없습니다.

길가의 상점은 더 많아졌고

파는 사람과 사는 사람이 얽혀

길은 어지럽습니다.

이 길이 어떤 길인지,

이천 년 전에 무슨 일이 일어났는지,

지금 우리가 왜 이 길을 걷고 있는지,

그들은 아무 관심이 없습니다.

그들은 오직

우리가 멈추어 지갑을 열기만을 기다립니다.

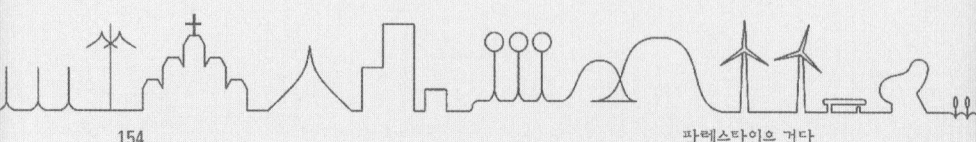

아, 주님은

이 길을 걸으며 얼마나 외로우셨나요?

자신에게 구원이 필요한지조차 모르는

아니 모른 척하는 그들을 위해

주님은 어떻게 생명을 바치셨나요?

주님이 태어나실 때도 그랬습니다. 그때도 사람들은 먹고 마시는 일에 마음을 빼앗긴 나머지 자신들에게 어떤 일이 일어나고 있는지 몰랐습니다. 관심이 없으니 알아차리지 못한 것입니다. 아기 예수님은 사람들 가운데 거할 곳이 없어서 짐승 우리에서 태어나셨고 짐승의 먹이통을 침상으로 삼았습니다. 그렇게 외롭게 이 땅에 오신 주님이 마지막도 그렇게 외롭게 가신 것입니다.

오늘날도 별로 달라진 것이 없어 보입니다. 장사하는 사람들이 가장 먼저 성탄절을 준비합니다. 그들에게는 주님에 대한 관심이 없습니다. 아마도 주님이 다시 오셔서 백화점을 걸어 다니셔도 아무도 알아보지 못할 것입니다. 주님이 누구신지 알아볼 생각도 없고, 누구신지 안다 해도 그분을 환영하지 않을 것입니다. 모든 이의 구원은 돈입니다. 그래서 오늘도 주님은 외롭습니다.

그뿐 아닙니다. 그분은 갈릴리와 예루살렘에서 복음을 전하면서도 늘 외로웠습니다. 무리는 이적이나 보고 싶어 하고, 교권을 가진

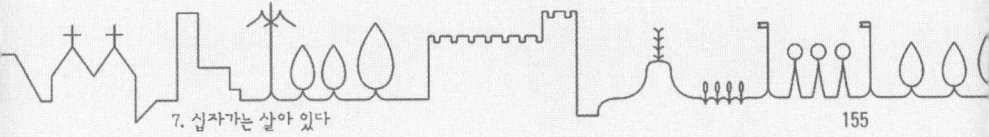

사람들은 트집거리나 찾고 있었으며, 제자들조차 주님의 마음을 제대로 이해하지 못했습니다. 오죽했으면, "우리가 너희에게 피리를 불어도 너희는 춤을 추지 않았고, 우리가 곡을 해도 너희는 울지 않았다"마 11:17고 탄식을 했겠습니까?

그러므로 예수 그리스도가 누구인지 알아보는 사람은 복됩니다. 예수 그리스도께서 주시는 구원을 갈망하는 사람은 진정 복됩니다. 외로운 예수님의 친구가 되는 사람은 참 귀합니다. 주님을 찾은 목동들처럼 주님을 찾아 예배하는 사람은 복됩니다. 주님이 생명을 바쳐 이루신 구원의 축복을 누리는 사람은 진실로 복됩니다.

그럴 수 없습니다

나는 이와 같은 묵상 가운데 한참 은혜에 젖어 있었습니다. 마음을 다해 감사드리고 찬양했습니다. 그런데 얼마 후 또 다른 음성이 제 마음에 들려왔습니다. '구원의 은혜를 너만 누리고 있을 것이냐?' 아, 주님은 이렇게 사람을 괴롭히십니다. 그냥 은혜 안에서 황홀함을 즐기도록 내버려두지 못하시고, 이렇게 산통을 깨십니다. 주님이 '그래, 그렇게 마냥 즐겨라' 하고 말씀하시면 얼마나 좋겠습니까? 그런데 주님은 나를 그냥 내버려두지 않으셨습니다. 나는 어쩔 수 없이

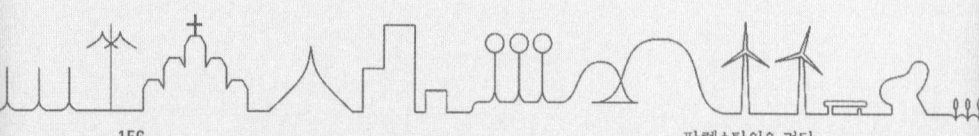

두 손 들고 항복하고는 다음과 같이 계속 적어 갔습니다.

저도 그리하라고요?
자신에게 구원이 필요한지를
알지도 못하는 사람들에게
주님의 구원을 전하라고요?
그러기 위해 무엇이든 희생하라고요?
필요하다면 목숨까지 바치라고요?

아,
저는 못합니다.
영원한 생명에 대해 아무 관심 없고
오직 먹고 사는 것을
전부로 알고 사는 사람들을 위해
주님처럼 할 수는 없습니다.
주님처럼 무시당하고 싶지 않습니다.
주님처럼 외롭고 싶지 않습니다.
주님처럼 희생하고 싶지 않습니다.
아무래도 저는
주님 걸으신 길을 걸을 수 없을 것 같습니다.

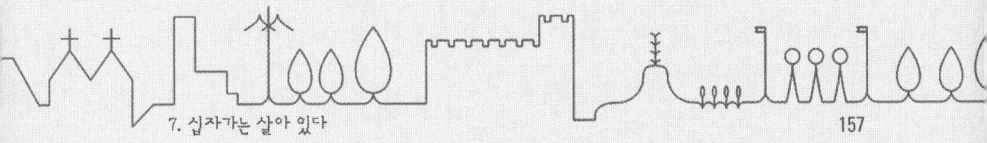

아, 제 마음이
떨립니다.
무겁습니다.
두렵습니다.
할 수 없는 일을 하라 하시기 때문입니다.
그것이 무엇인지 모를 때는
'자기 십자가를 지고 내 뒤를 따라오라'는 말씀에
'아멘!' 하고 응답했지만,
그것이 무엇인지를 알고는
차마 그렇게 못하겠습니다.
아니,
제게 그런 능력이 없습니다.

제게 그런 능력은 없으나
그렇게 하고픈 마음은 있습니다.
주님처럼
제 사는 곳에서
비아 돌로로사를 걷고 싶습니다.
주님처럼 외로워도
주님처럼 무시당해도

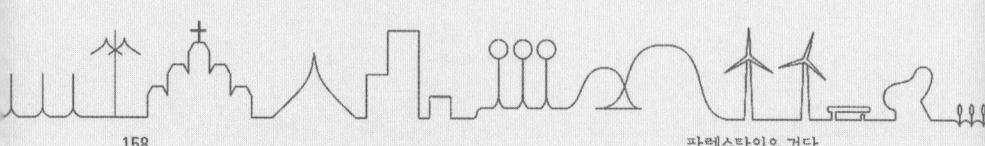

주님처럼 헛되어 보여도

세상을 구원하시려는 주님의 일에

제 생명을 드리고 싶습니다.

하지만

제가 저를 압니다.

제게는 그럴 능력이 없습니다.

그래서 구합니다.

베드로처럼

제게도 주님의 영을 주십시오.

제게는 능력이 없으나

주님의 영이 나를 사로잡으면

그럴 수 있습니다.

세상은 여전히 같은 모습일 것이나

저는 달리 살아갈 것입니다.

오, 주님

저를 불쌍히 여기소서.

이 글을 읽는 당신도 같은 마음일 것입니다. 주님처럼 살아 보고

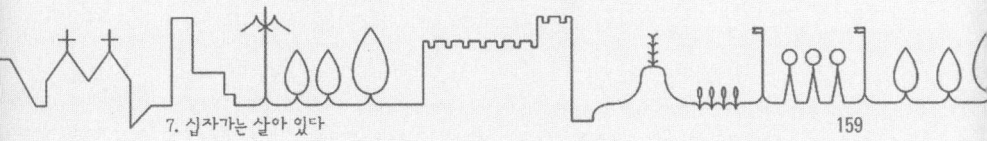

싶은 간절한 마음이 당신에게도 있을 것입니다. 나와 내 가족을 위해서만, 그저 생존을 위해서만 사는 것이 아니라, 이웃을 위해 그리고 영원한 하나님 나라를 위해 살아 보고 싶은 열망 말입니다. 하지만 그러기 위해서는 자존심도 놓아야 하고, 즐거움을 포기해야 할 때고 있고, 외로움을 견뎌야 하며, 무시당하는 것을 감당해야 합니다. 하지만 우리로서는 그것을 감당할 수 없습니다. 작은 손해도 아까워하고, 사소한 오해도 참지 못하며, 모욕과 수치는 더욱 참지 못합니다. 이를 악물고 몇 번은 견딜 수 있을지 모르나, 계속 그렇게 할 수는 없습니다. 그런데 주님은 그런 일을 당할 때 즐거워하고 기뻐하라고 하셨습니다.

> 너희가 나 때문에 모욕을 당하고, 박해를 당하고, 터무니없는 말로 온갖 비난을 받으면 복이 있다. 너희는 기뻐하고 즐거워하여라. 하늘에서 받을 너희의 상이 크기 때문이다. 너희보다 먼저 온 예언자들도 이와 같이 박해를 받았다. (마 5:11-12)

우리의 본성은 모욕과 박해와 터무니없는 비난을 피하고 싶어 합니다. 그런데 어찌 그것을 기뻐하고 즐거워한단 말입니까? 베드로도 할 수 없었고, 바울도 할 수 없었습니다. 당연히 우리도 할 수 없습니다. 하지만 주님의 능력이 임할 때 베드로도 했고 바울도 했습니다. 그렇다면 우리도 할 수 있을 것입니다. 주님의 능력이 임할 때 그런 변화가 일어날 수 있습니다.

십자가가 서 있던 자리

팔레스타인에는 기념 교회가 많습니다. 예수님이 예루살렘을 보고 우셨다는 곳에 세워진 '눈물 교회'도 있고, 죽으시기 전날 늦은 밤까지 기도하셨던 곳에 서 있는 '열방 교회'The Church of All Nations도 있고, 산상설교를 하셨다는 곳에 세운 '팔복 교회'The Church of the Beatitudes도 있습니다. 이 기념 교회들의 위치는 거의 '믿거나 말거나' 수준입니다. 정확히 그곳이었다고 누구도 장담할 수 없는 것입니다. 하지만 성묘 교회의 위치는 신뢰도가 매우 높습니다. 역사를 보면 그 이유를 알 수 있습니다.

주후 132년 유대인들의 마지막 반란이 일어나자 로마 황제 하드리아누스가 팔레스타인을 점령하고 유대인들을 예루살렘에서 모두 추방시켰습니다. 그때 기독교 유적도 함께 파괴시키면서, 초대 교인들이 가장 귀중하게 여겼던 골고다 언덕에 비너스 신전을 세웠습니다. 이는 예수님이 돌아가신 후 백 년도 안 되던 시기에 이미 그리스도인들이 골고다에 순례를 다녔다는 증거이기에, 그 역사적 정확성

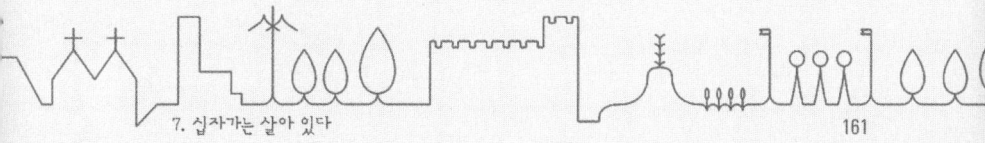

이 매우 높다 할 수 있습니다.

그로부터 이백여 년 후 로마 황제 콘스탄티누스가 회심하고 기독교를 로마의 합법적 종교로 승인했습니다. 이후 깊은 믿음의 소유자였던 그의 어머니 헬레나는 예수님의 발자취를 더듬어 보기 위해 예루살렘으로 순례를 왔다가 골고다에 세워진 비너스 신전을 발견합니다. 그리고 당장 비너스 신전을 허물게 하고 그곳에 교회를 세웠습니다. 그것이 성묘 교회가 된 것입니다.

그 이후로 성묘 교회는 여러 번 파괴되고 재건되었습니다. 지금 남아 있는 건물은 주후 1149년에 십자군에 의해 다시 건축된 것이며, 이후에도 여러 우여곡절을 거쳐야 했습니다. 그 복잡한 상황을 모두 설명할 수는 없겠습니다. 지금은 여러 종파가 공동 관리하고 있고, 교회 열쇠는 무슬림이 관리하고 있어 그리스도인 순례객은 이슬람 측에서 문을 열어 주어야만 들어갈 수 있습니다. 성묘 교회에 얽힌 역사를 읽다 보면 인간의 역사가 얼마나 우스꽝스러운지를 느끼게 됩니다.

비아 돌로로사를 거쳐 성묘 교회에 들어섰을 때, 나는 예수님이 십자가에 달려 돌아가신 곳에 서 있다는 생각만으로도 마음에 떨림이 일어났습니다. 좁은 통로로 예배당 안에 들어가 보니, 발 디딜 틈이 없을 만큼 사람이 많았습니다. 어떤 경건을 느낄 만한 분위기가 아니었습니다.

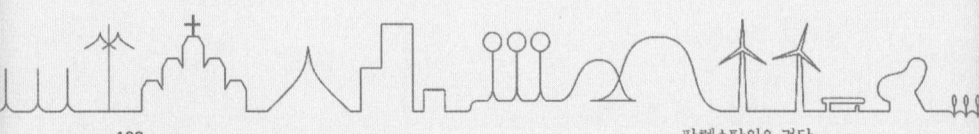

• 성묘 교회 내부에 있는 문으로, 이곳을 통해 십자가가 세워졌다는 곳에 이른다.

예배당 중앙에 커다란 바위가 유리관에 씌워져 있었고 안내판에는 그곳이 예수님의 십자가가 서 있던 자리라고 적혀 있었습니다. 이것 역시 '믿거나 말거나'입니다. 정확히 그 바위에 십자가가 꽂혀 있었다고 장담할 수는 없는 일입니다. 하지만 그곳 어딘가에서 주님이 십자가에 달려 죽으셨다고 생각하니, 제대로 서 있을 수 없었습니다. 나는 그곳에 무너져 내리듯 무릎을 꿇고 기도했습니다.

그날 저녁 나는 십자가가 서 있던 자리에서 기도한 일을 기억하며 묵상에 잠겼습니다. 그날 일기에 적은 또 다른 글입니다.

• 성묘 교회 안에 보관되어 있는 바위. 이곳에 예수님의 십자가가 세워졌다고 전해진다.

• 나는 십자가가 세워졌던 곳에서 무릎을 꿇고 기도했다.

십자가 아래서

십자가가 세워졌다는

그 자리

그 아래

무릎을 꿇는다.

무릎이 땅에 닿는 순간

온 세상이

내 무릎 닿은 지점에,

과거와 미래의 시간이

현재의 순간에,

수렴된다.

세상은 온데간데없고

나 혼자뿐이다.

시간의 흐름은 멈추고

영원의 문이 열린다.

오, 이제야 알겠다.

과거의 사건이

어떻게 오늘에 닿아 있는지.

한 사람에게 일어난 일이

어떻게 모두에게 영향을 미치는지.

어떻게 그것이

나에게 일어난 사건인지.

시간이 열리고

공간이 열리니

이제야 알겠다.

십자가가 세워졌던 자리

그 자리에

무릎 꿇고 앉으니

그분의 눈물이

그분의 피가

내 정수리에 떨어진다.

오, 주님

당신은 진실로

저의 주님이십니다.

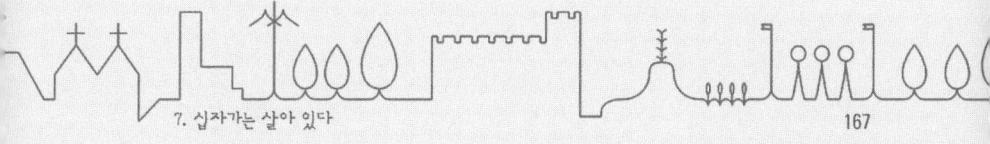

저를 받으소서.

아멘.

순례 여정을 마치고 돌아오는 비행기 안에서 책을 읽다가 피곤해져서 영화를 보기로 했습니다. 영화 목록을 살펴보니, 찰톤 헤스톤의 "벤허"가 있습니다. "벤허"의 명장면이라면 뭐니 뭐니 해도 마차 경주입니다. 이스라엘과 요르단에서 거대한 로마식 원형 경기장을 둘러보고 왔기에 마차 경주 장면을 다시 보고 싶어졌습니다. 아주 실감이 날 것 같았습니다.

30여 년 전 그 영화를 처음 보았을 때는 역사적 지식이 없어 줄거리와 인상적인 장면만을 보고 좋아했습니다. 이제 다시 보니, 이야기의 흐름만이 아니라 지리적·역사적 배경까지 다 이해할 수 있었습니다. 덕분에 아주 진한 영화 감상을 하게 되었고, 작가와 감독이 이곳저곳 숨겨 놓은 상징들을 모두 읽을 수 있었습니다. 기대했던 대로 마차 경주 장면은 압권이었습니다.

그런데 이번에 저의 마음을 사로잡은 것은 예수님이 십자가에 처형되는 장면이었습니다. 예수님이 십자가에 달려 돌아가실 때, 주인공 유다 벤허는 한센씨 병에 걸린 누이와 어머니와 함께 그 광경을 멀리서 지켜보고 있습니다. 오후 세 시였지만 천지는 어둠에 휩싸이고 천둥 번개와 함께 폭우가 내립니다. 그때 놀라운 일이 일어

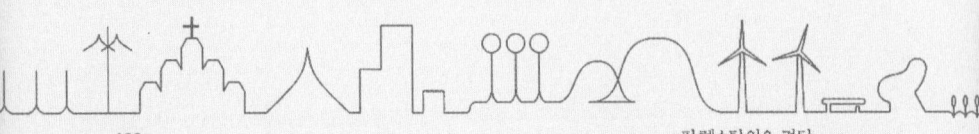

납니다. 누이와 어머니의 병이 씻은 듯 사라진 것입니다. 두 사람은 감격에 겨워 포옹하고 굵은 빗줄기를 맞으며 감사를 드립니다. 많은 이들이 이것을 명장면으로 기억하고 있습니다.

저에게 그날 감동으로 다가온 것은 예수님의 피가 빗물에 섞여 흘러내리는 모습이었습니다. 골고다 언덕에서 주님의 거룩한 피가 빗물과 함께 흘러내리는 모습을 보는 순간, 그것이 너무도 생생한 현실로 느껴졌습니다. 카메라는 십자가 아래의 핏물을 클로즈업하다가 점점 앵글이 커지면서 온 세상으로 흘러가는 모습을 보여 주었습니다. 주님의 거룩한 피가 치유와 회복과 생명의 능력으로 온 세상으로 흘러들어 가고 있다는 상징이었습니다.*

나는 영화가 끝난 후 눈을 감고 그 장면을 다시 회상해 보았습니다. 순간 그 피가 지금도 흐르고 있다는 사실이 너무도 진실하게 느껴졌습니다. 그 피가 지금 제 안에도 흐르고 있습니다. 그 피는 우리 죄를 씻어 내고 영혼을 새롭게 빚어냅니다. 그 피는 생명수입니다. 나는 다시금 기도드렸습니다. '그 피가 내 안에 살아 있도록, 그 피로 인해 내가 늘 새롭게 되도록 해주십시오!' 그리고 그 피가 나를 통해 흘러 나가고, 내가 늘 그 피의 능력으로 살게 해 달라고 간절히 기도

● 관심 있는 독자는 잠시 독서를 멈추고 youtube.com에 들어가 그 장면을 보시기 바랍니다.

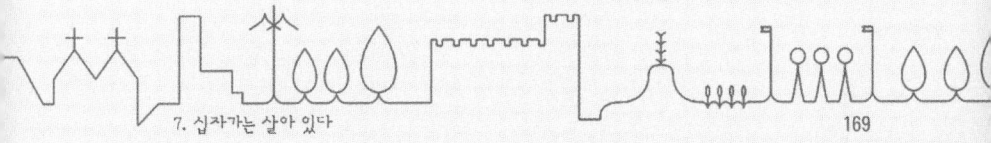

했습니다.

그렇습니다. 골고다에서 이천 년 전에 흐르기 시작한 그 보혈은 지금도 흐르고 있습니다. 우리는 십자가 아래 우리의 전 존재를 열고 그 거룩한 피로 씻겨야 합니다. 그럴 때 주님은 진실로 기뻐할 것입니다. 그분의 거룩한 피는 결코 헛되이 흘러가지 않았기 때문입니다.

뿐만 아니라, 우리는 주님이 열어 놓으신 구원의 길을 모른 척하고 먹고 사는 일에 파묻혀 사는 이들에게 주님의 사랑을 전해야 합니다. 먹고 사는 일이 중요하지 않다는 말이 아니라, 그보다 더 중요한 것이 있다는 말입니다. 바로 주님의 거룩한 피에 적셔지고 그 피로 자신을 씻어 내는 것입니다. 그것 없이는 진정한 생명이 없기 때문입니다. 우리가 주님의 보혈로 구원과 새 생명을 얻었다면, 그것을 모르는 이들도 알게 해야 합니다. 한 영혼, 한 영혼을 주님 앞으로 인도함으로 세상의 구원은 이루어지는 것입니다.

> 가장 높으신 분이
> 가장 낮은 곳에 오셨습니다.
> 가장 귀하신 분이
> 가장 천한 모습으로 오셨습니다.
> 가장 값비싼 생명이
> 가장 값없는 생명을 위해 희생되셨습니다.

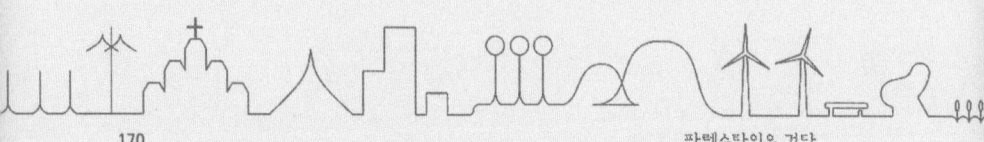

오, 주님

주님을 찬양합니다.

주님께 감사드립니다.

저희를 십자가로 이끌어 주시고

그 은혜에 젖게 하소서.

주님의 거룩한 피가

저희를 살리고

또한 저희를 통해 흘러 나가

온 세상을 살리게 하소서.

아멘.

■ 묵상을 위한 질문

1. 당신은 예수를 알아보았던 소수에 속합니까, 아니면 관심 없던 다수에 속합니까? 예수님이 생명을 바쳐 이루신 구원이 당신에게는 얼마나 중요합니까?
2. 당신은 십자가의 은혜를 어떻게 체험했습니까? 그 은혜를 기억해 보십시오. 아직 그 체험이 없다면 그것을 사모하고 구하십시오.
3. 당신이 체험한 구원을 어떻게 이웃에게 전할지 생각해 보십시오.

8장

신실한 소수자
베들레헴

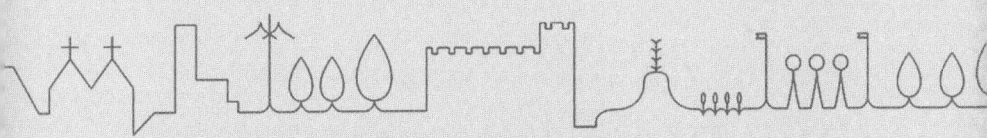

비극의 도시

다윗의 고향이자 주님이 나신 곳 베들레헴. 그 이름은 히브리어로 '빵집'이라는 뜻입니다. 예루살렘에서 약 15킬로미터 정도 남쪽에 위치한 작은 도시이며 현재는 팔레스타인 자치 지구에 속합니다. 그래서 도시 경계에 높은 장벽이 서 있고, 장벽 사이에 검문소가 있어서 통과할 때 철저한 보안 검색을 받습니다.

우리는 버스를 타고 검문소를 지난 후 좁은 언덕길을 따라 '예수탄생 교회'The Church of the Nativity를 향해 올라갔습니다. 해가 뉘엿뉘엿 넘어가는 시간이기 때문이기도 했지만, 눈에 들어오는 베들레헴의 분위기는 삭막하고 스산했습니다. 마치 죽어 있는 도시에 온 것 같은 느낌이었습니다. 예수탄생 교회에 가까워질수록 활기가 느껴지기는 했습니다만, 왠지 마음이 움츠러드는 느낌을 지울 수 없었습니다.

이는 아마도 베들레헴에 얽힌 아픈 역사 때문이었을 것입니다. 유대인들에게 베들레헴은 특별한 곳입니다. 바벨론이 예루살렘 성을 함락시키고 예루살렘에 살던 유대인들을 베들레헴에 있는 라헬의 무덤에 집결시켰습니다. 바벨론까지의 멀고 먼 행군을 베들레헴에서 시작한 것입니다. 그 사건을 두고 예레미야는 이렇게 말했습니다.

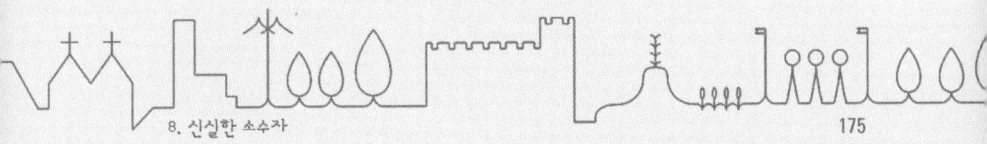

나 주가 말한다. 라마에서 슬픈 소리가 들린다. 비통하게 울부짖는 소리가 들린다. 라헬이 자식을 잃고 울고 있다. 자식들이 없어졌으니, 위로를 받기조차 거절하는구나. (렘 31:15)

야곱의 아내 라헬은 이스라엘 백성의 어머니인 셈입니다. 사슬에 묶여 포로로 잡혀 가는 자손들을 보고 라헬이 하늘에서 통곡하고 있다는 뜻입니다. 물리적 시각에서 보면 라헬은 죽어서 말이 없지만, 하나님의 시각에서 보면 여전히 살아 있습니다. 라헬이 자손들의 불행을 보며 얼마나 슬퍼하며 우는지, 위로받기조차 거절했다고 합니다. 슬픔이 너무도 크면 위로를 거절하는 것이 인지상정입니다.

베들레헴에서 일어난 또 하나의 아픈 역사가 있습니다. 헤롯 대왕 Herod the Great의 유아 학살 사건입니다. 로마 황실의 허락을 받아 유다를 다스리고 있던 헤롯 대왕은 장차 유대인의 왕이 될 사람이 태어났다는 이야기를 듣고는 베들레헴과 그 가까운 지역에 사는 두 살 이하 남자 아이들을 모두 살해했습니다. 예수님 당시 베들레헴 인구가 얼마였는지 모르기 때문에 추측하기 어렵습니다만, 적어도 이삼십 명은 되었을 것입니다. 한순간에 아들을 잃은 부모들의 통곡으로 베들레헴은 또 한 번 진동했을 것입니다.

이 지점에서 헤롯 대왕에 대해 잠시 소개하고 넘어가야겠습니다. 그는 예수님이 활동하실 때 갈릴리를 다스리고 있던 분봉왕 헤롯

Herod the Tetrarch의 아버지입니다. 헤롯 대왕은 유대교를 신봉하기는 했지만 혈통으로 유대인이 아니라 이두매 사람이었습니다. 그리고 혈통을 중시했던 유대인들은 그를 왕으로 인정하지 않았습니다. 상상해 보십시오. 백인이나 흑인이 우리나라의 왕이 되었다면, 우리들이 그 왕권을 인정했을 것 같습니까? 단일민족일수록 그것은 더욱 어렵습니다. 그것이 37년 동안 왕으로 군림했던 헤롯 대왕을 끊임없이 괴롭힌 문제였습니다.

헤롯 대왕은 끝도 없는 야심과 잔인성으로 유명합니다. 자신의 권력을 유지하는 일이라면 무슨 일이라도 마다하지 않았고, 가까운 친척을 살해하는 것은 아무 일도 아니었습니다. 그는 로마 황실에 아부하고 로마의 권력을 모방하기 위해 유대 땅에 로마식 도시들을 건설하고, 곳곳에 별장 궁전을 만들어 놓았습니다. 별장으로 만든 왕궁을 보면 그의 권력욕이 얼마나 컸는지, 자기 권력을 지키느라 얼마나 불안에 떨었는지 알 수 있습니다.

유대 역사가 요세푸스는 헤롯 대왕의 죽음에 대해 웃지 못할 이야기를 전해 줍니다. 그는 주전 4년에 질병으로 죽었는데, 자신의 죽음을 두고 슬퍼할 사람이 아무도 없을 것이 걱정되었습니다. 그래서 유다 전역에서 존경받는 지도자들을 불러 모았습니다. 그러고는 자신이 죽는 순간에 그 사람들을 모두 살해하라고 자녀들에게 유언을 내립니다. 그렇게 하면 자신이 죽고 난 후 곡하는 소리가 들릴 것이

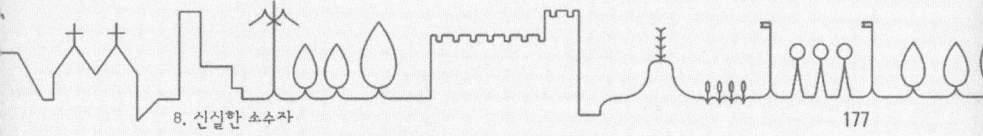

라고 계산했던 것입니다. 하지만 다행히도 그 자식들이 그 유언을 따르지 않았습니다.

헤롯 대왕은 그런 사람이었습니다. 그에게 어느 날 동방박사들이 찾아옵니다. 그들은 별을 관찰하며 운명을 점쳤던 점성가들입니다. 그들이 찾아와서는 유대인의 왕이 될 아기가 태어났다고 했으니, 정통성 문제로 시달렸던 헤롯 대왕이 얼마나 놀랐겠습니까? 성경은 "헤롯 왕은 이 말을 듣고 당황하였다"[마 2:3]고 표현합니다. 그는 탁월한 율법 교사들을 모아 놓고 문의한 후 동방박사들을 베들레헴으로 보냅니다. 그러고는 "가서, 그 아기를 샅샅이 찾아보시오. 찾거든 나에게 알려 주시오. 나도 가서 그에게 경배할 생각이오"[8절]라고 말합니다. 하지만 속셈은 다른 데 있었습니다.

베들레헴에서 아기 예수를 만나 경배한 후, 동방박사들은 천사에게 지시받은 대로 헤롯 대왕을 만나지 않고 집으로 돌아갑니다. 그러자 헤롯 대왕은 베들레헴만이 아니라 그 주변 동네까지, 새로 태어난 아이로부터 두 살까지 모든 남자 아이들을 살해하도록 명령합니다. 작은 암세포를 발견하고는 위의 절반을 도려내는 것처럼, 불씨의 가능성을 완전히 도려내려 한 것입니다. 과연 그다운 발상이고 그다운 명령입니다.

탐욕이 빚어내는 역사

나는 최근 북한에서 일어난 일들을 지켜보며 치를 떨어야 했습니다. 자신의 권력 유지를 위해 고모부를 공개 처형한 그 젊은 지도자의 모습에 우리는 심란함을 느낍니다. 헝클어진 머리카락 사이로 보이는 그의 눈빛은 섬뜩합니다. 그로 인해 얼마나 많은 사람들이 희생당할지, 그가 자신의 권력욕에 눈이 멀어 어떤 도발을 할지 심히 걱정됩니다. 뉴스에서 본 그의 얼굴에서 나는 탐욕의 진한 그림자를 보았습니다.

순례 여정 중에서 가장 자주 생각한 것이 인간의 탐욕 혹은 욕심이었습니다. 가는 곳마다 눈에 보이는 것은 인간 탐욕의 산물이었습니다. 가이사랴에 세워진 로마식 경기장과 극장과 건축물들, 므깃도에 널려 있는 전쟁의 흔적들, 마사다 요새에 세워진 헤롯 대왕의 별장, 그리고 제라시에 남아 있는 로마식 건축물의 잔해들을 보면서 질문하지 않을 수 없었습니다. 도대체 인간 탐욕의 끝은 어디인가?

오늘 우리는 인류 역사상 가장 긴 '전쟁 없는 시대'를 살고 있습니다. 우리나라만 해도 그렇습니다. 어떤 역사가에 의하면, 우리 민족은 한국전쟁 이전까지 평균 5년에 한 번씩 전쟁을 겪었다고 합니다. 그런데 지금 우리는 60년이 넘도록 전쟁 없이 살고 있습니다. 제2차

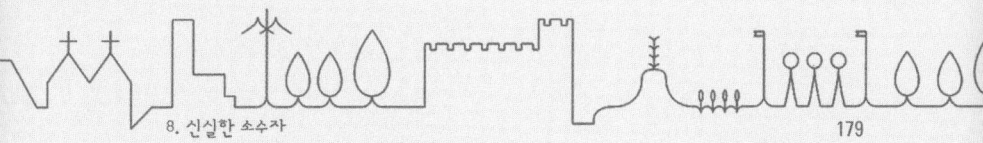

• 가이사랴에 남아 있는 로마식 건축물 잔해.

세계대전이 끝난 후, 지역적인 전쟁은 있었지만 세계전쟁은 반 세기가 지나도록 일어나지 않고 있습니다. 참으로 다행한 일입니다. 전쟁을 직접 경험해 보지 않은 저 같은 사람은 인류 역사상 최대의 행운아라 할 수 있습니다.

하지만 전쟁 없는 시대에 살고 있다고 해서 탐욕의 문제가 해결되었다거나 과거보다 덜하다고 생각하는 것은 오해입니다. 군사력으로 다른 나라를 점령함으로써 탐욕을 충족시키는 것이 과거의 방식이었다면, 지금의 인류는 좀더 교묘한 방식으로 탐욕을 충족시키고 있습니다. 현대판 므깃도는 뉴욕의 월스트리트 혹은 워싱턴 캐피탈 홀

• 제라시에 세워진 로마식 원형 극장.

• 제라시 입구에 건축된 거대한 원형 광장.

일 수도 있으며, 여의도 국회의사당일 수도 있습니다. 세계의 모든 탐욕이 그와 같은 곳들에서 충돌하고 해소됩니다. 사실 현대판 므깃도는 어디에나 있습니다. 크고 작은 욕심들이 가정을, 교회를, 회사를 그리고 나라를 파괴하는 모습을 우리는 자주 목격하고 있습니다. 인간사란 결국 크고 작은 욕심들이 서로 얽히고설켜 만들어 내는 것이 아닌가 하는 생각을 해 봅니다.

최근 조정래의 「정글만리」라는 소설의 한 대목에서 나와 동일한 것을 느끼고 있는 인물을 발견하고 아주 반가웠습니다. 중국 역사에 대해 대화를 나누는 중에 김현곤이라는 인물이 이렇게 말합니다.

> 인간의 역사란, 중국이나 유럽이나 가만히 들여다보면 결국 서로 죽이고 죽은 것의 기록이 전부예요. 인간의 역사를 생각하다 보면 인간이란 결국 이런 정도밖에 안 되는 존재인가 하는 회의에 빠질 때가 가끔 있어요.*

작가들은 등장인물을 통해 자신의 의견을 표현하곤 합니다. 이것은 한 등장인물의 말이지만 작가의 생각이기도 합니다. 이번 순례 여정을 통해 뼈저리게 체험한 진실을 소설에서 만나게 되어 참 반가

• 조정래, 「정글만리」(해냄), 제2권, p. 228.

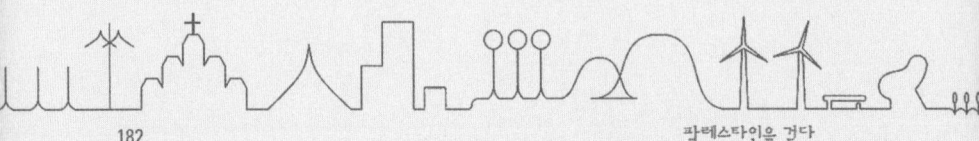

왔습니다. 너무 비관적인 표현으로 들릴지 모르지만, 역사에 남길 만큼 대단한 일을 이룬 사람이란 대부분 탐욕의 정도가 그만큼 큰 사람이었고 또한 그 탐욕을 이룰 능력을 가지고 있던 사람들이 아니었나 하는 생각까지 듭니다.

역사를 만들어 가는 사람들

세상은 별로 달라진 것이 없습니다. 인간의 탐욕은 더 커졌고, 탐욕을 충족시키는 방법은 더욱 교묘해지고 또한 은밀해졌습니다. 이것만을 생각하면 작가 조정래가 말한 대로 인간은 참으로 별 것 아닌 존재요 인간의 역사 또한 별 의미가 없습니다.

하지만 성경은 그것이 전부가 아니라고 말합니다. 크고 작은 탐욕으로 얽히고설켜 돌아가는 것이 세상사인 것은 분명하지만, 그것이 전부는 아닙니다. 그렇게 아무 방향도 원리도 없이 돌아가는 것 같아 보이지만, 우리 눈에 보이는 것 배후에는 보이지 않는 거대한 손이 움직이고 있습니다.

마태복음에 나오는 헤롯 대왕과 동방박사의 이야기만 해도 그렇습니다. 역사를 만들어 가는 사람은 분명 헤롯 대왕인 것 같습니다. 하지만 그가 탐욕에 빠져 허우적대도록 내버려두면서도 엄연히 역

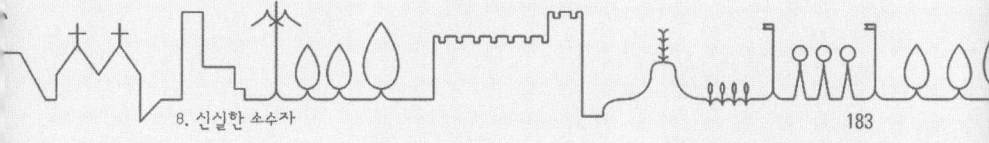

사의 방향을 이끌어 가는 분은 하나님이십니다. 하나님은 인간을 창조하면서 자유의지를 주기로 결정하셨을 때 이 같은 악의 가능성도 허락하셨습니다. 그러니까 하나님을 믿고 의지하며 그분의 뜻을 따라 살아갈지, 하나님을 등지고 자신의 욕심을 따라 살아갈지는 모두 인간의 자유의지에 맡겨졌습니다. 하지만 그렇다고 해서 그분이 완전히 손을 떼고 팔짱 낀 채 우리를 지켜보기만 하시는 것은 아닙니다. 인간의 자유의지를 해치지 않으면서도 하나님은 그분의 뜻을 찾고 순종하는 사람들을 통해 역사를 인도해 가십니다.

마태복음에 기록된 예수님의 탄생 이야기를 읽어 보면, 헤롯 대왕이 선택하고 결정하는 대로 일이 진행되는 것 같지만, 중대한 지점에서 항상 일이 틀어집니다. 왕으로 태어난 아기를 살해하려고 동방박사들에게 거짓말을 했지만, 동방박사들은 하나님의 지시를 받고 그를 피해 귀국해 버립니다. 뒤늦게 이 사실을 알아차린 헤롯 대왕은 잔인한 유아 살해를 통해 불행의 씨앗을 철저히 제거하려 합니다. 하지만 예수님이 이미 이집트로 피신한 후의 일입니다. 헤롯 대왕은 얼마 지나지 않아 중병에 걸려 죽게 됩니다.

예수를 믿는다는 것은 바로 이 진실을 확인하고 선포하고 고백하는 것입니다. 역사의 주인은 헤롯 대왕이 아니라 하나님이시라는 것! 역사를 만들어 가는 것은 힘을 가진 사람들이 아니라 하나님의 뜻을 살피고 순종하는 소수의 사람들이라는 것! 지금의 현실은 힘을 가진 사람들이 만들어 가는 것 같아 보이지만, 결국은 하나님의 뜻대로 만들어져 간다는 것! 이 진실을 믿는 것입니다. 실제로 그렇게 믿고 실제로 그렇게 살아가는 것입니다.

이 믿음이 분명하다면, 우리는 악인들이 득세하고 그들 마음대로 세상이 돌아가는 것 같은 상황에서도 믿음을 잃지 않을 것입니다. 세상 정세를 보면, 하나님이 어디 계신지 묻지 않을 수 없습니다. 이 세상은 철저히 불의한 권력자들에 의해 모든 것이 결정되는 것 같아 보이기 때문입니다. 또한 얼마 전 '세월호'라는 거대한 여객선이 침몰하여 삼백 명이 넘는 무고한 생명이 차가운 바닷속에서 스러져 가는 것을 보며, 우리는 깊은 슬픔에 빠질 수밖에 없었습니다. 관련된 수많은 사람들의 크고 작은 탐욕이 쌓이고 쌓여서 터져 버린 비극 앞에서, 우리는 하나님이 이 세상을 완전히 방치하고 계신 것 같다는 절망을 느낍니다. 하지만 우리는 꽃다운 청춘들이 물에 잠겨 있는 그곳에 하나님이 계셨고 함께 우시며 아파하셨음을 믿습니다. 그리고 그리스도의 십자가와 부활을 통해 우리의 죄된 마음을 새롭게 하신 하나님이 궁극적으로 이 세상의 죄와 탐욕을 다스리시고, 모든 것을 합해 선을 이루실 것이라 믿습니다.

개인적인 영역에서도 마찬가지입니다. 살다 보면 때로 악으로 똘똘 뭉친 것 같은 사람과 얽힐 경우가 있습니다. 상대의 힘은 강하고 나의 힘은 약할 때, 억울하고 분통 터지는 일들을 겪어야 합니다. 억

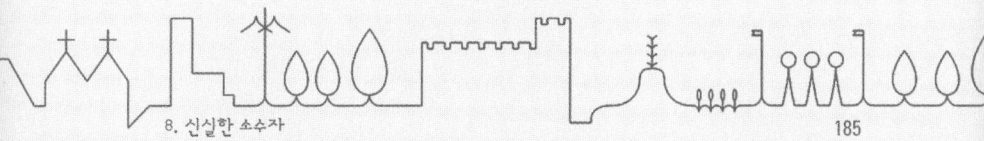

울함은 더해 가는데 그 억울함을 풀 길이 없을 때, 우리는 낙심하고 절망하고 때로는 하나님을 원망하기도 합니다. 하지만 진정한 믿음의 사람은 이런 상황에서도 낙심하지 않고 또한 불평하거나 저주하지 않습니다. 결국은 하나님이 모든 것을 바로잡아 주실 것을 믿기 때문입니다. 내 삶의 주인은 그 악한 사람이 아니라 하나님이심을 믿기 때문입니다.

진정한 믿음의 사람들은 동방박사나 요셉처럼 하나님의 뜻을 분별하고 그 뜻을 따라 행하는 '신실한 소수자'에 속하기를 기뻐합니다. 예수 그리스도를 믿는다는 말은 자신의 탐욕을 부정하고 하나님의 뜻을 살피고 그 뜻에 순종하는 삶을 산다는 말입니다. 재력이나 권력을 가진 사람이 자신의 탐욕이 아니라 하나님의 뜻을 위해 그것을 사용한다면 놀라운 일이 일어납니다. 하지만 그런 힘이 없어도 상관없습니다. 하나님은 약한 자를 들어 강한 자를 부끄럽게 하신다고 했습니다. 가진 것 하나 없어도 하나님의 뜻을 따르기로 선택할 때, 하나님은 그 사람을 통해 중요한 일을 이루십니다.

홀로, 낮게

예수탄생 교회는 베들레헴의 한 언덕 위에 있습니다. 이 교회는 성

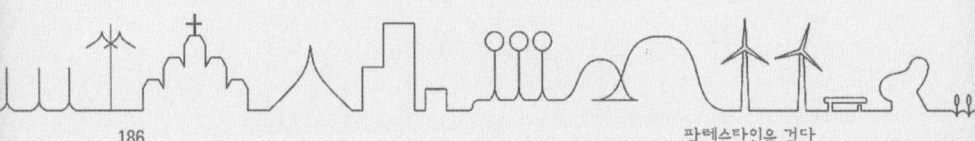

묘 교회와 유사한 역사를 가지고 있습니다. 주후 132년 유대인의 반란이 일어났을 때 로마 황제 하드리아누스는 골고다 언덕에 비너스 신전을 세우는 한편, 베들레헴의 한 언덕 위에는 미의 여신인 아도니스 신전을 세웁니다. 그 언덕에 있는 동굴에서 예수님이 태어나셨다고 믿는 사람들이 있었기 때문입니다. 예수님이 부활 승천하신 후 백 년도 되지 않아 그런 전통이 생겼다면, 그곳이 실제로 예수님이 태어나신 곳일 가능성이 큽니다.

그로부터 약 이백 년 후, 예수님의 발자취를 밟기 위해 팔레스타인에 왔던 콘스탄티누스의 어머니 헬레나가 아도니스 신전을 허물고 기념 교회를 세우게 합니다. 그것이 바로 예수탄생 교회의 시작입니다. 헬레나가 지은 교회는 약 이백 년 후에 파괴되었지만, 그로부터 이백여 년 후에 다시 재건되어 오늘에 이르렀습니다. 그러니까 지금 서 있는 예수탄생 교회는 무려 1,400년이라는 세월의 풍상을 겪고 살아남은 것입니다. 이스라엘에 있는 기념 교회 중 가장 오래된 건물이 이 교회입니다.

교회 안으로 들어가 보니 제단에서는 미사가 드려지고 있었고, 순례객들은 촘촘히 늘어서서 예수님이 탄생했다는 동굴로 가기 위해 기다리고 있었습니다. 얼마나 사람이 많던지, 멀고 먼 순례를 했던 동방박사의 심정이 아니면 견디기 어려웠습니다. 그렇게 기다리다가 마침내 지하로 통하는 좁은 통로로 들어가니, 그곳에도 사람

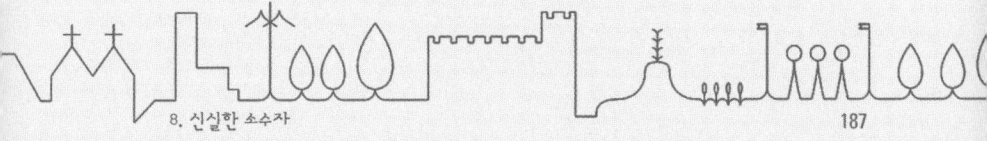

들이 가득 차 있었습니다. 예수님이 태어나셨다는 자리 바닥에 은으로 별을 만들어 놓았는데, 그것을 만져 보려고 기다리고 있는 것이었습니다.

사실 나는 성묘 교회에서와는 달리 그곳에서 아무런 감동도 느끼지 못했습니다. 오히려 보이는 모습들이 하나같이 눈에 거슬리기만 했습니다. 겨우 이것을 보자고 그 지루함을 견뎠나 싶었고, 마치 그 별이 무슨 마법의 물건이나 되는 듯이 만지고 비비고 입을 맞추는 사람들의 모습도 거슬렸습니다. 어떤 여인은 가지고 있던 핸드백을 그곳에 슥슥 문지릅니다. 그렇게 하면 그 핸드백에 돈이 가득 차기라도 하는 양 말입니다. 예수 그리스도에 대한 믿음이 얼마나 쉽게 미신으로 둔갑할 수 있는지를 확인할 수 있었습니다. 이런 이유 때문에 예수탄생 교회에 대한 기억은 별로 좋지 않습니다.

하지만 한 가지 또렷이 기억에 남는 것이 있습니다. 바로 교회로 들어가는 문입니다. 그 거대한 교회로 들어가는 문의 높이가 120센티미터밖에 되지 않습니다. 원래 그 문은 높고 넓게 지어졌는데, 말을 타고 드나드는 것을 막기 위해 좁고 낮게 만들어 놓았다고 합니다. 그곳에 들어가려는 사람은 누구나 혼자서, 고개를 숙이고 들어가야 합니다.

이것은 매우 의미심장한 상징입니다. 진정한 믿음이란 예수 그리스도 앞에 홀로 서서 겸손히 머리 숙이는 것에서 시작됩니다. 누구

• 예수탄생 교회 안에 만들어진 별. 이곳에서 주님이 탄생하셨다고 전해진다.

• 예수탄생 교회로 들어가는 문.

나 언젠가는 그분 앞에 홀로 서게 되어 있습니다. 그것이 누구에게 는 심판이 되고 누구에게는 구원이 됩니다. 그것이 심판이 아니라 구원이 되게 하기 위해서는 그때가 오기 전에 스스로 그분 앞에 나아가 홀로 서야 합니다. 그리고 그분께 고개 숙이고 고백해야 합니다. '당신은 나의 왕이십니다. 당신은 나의 주인이십니다. 당신이 나의 전부이십니다.'

이 고백이 진실할 때 매일 주님과 동행하며 자신의 욕망이 아니라 주님의 뜻을 따라 살 수 있습니다. 매일 주님과 동행할 때만 그분이 주시는 구원이 무엇인지를 경험할 수 있습니다. 또한 그렇게 살 때 주님이 찾으시는 신실한 소수자가 되어 동방박사처럼 혹은 요셉과 마리아처럼 하나님의 뜻을 이루는 도구가 될 수 있습니다.

어떤 사람이 원인을 알 수 없는 병에 걸렸습니다. 식욕도 없고, 잠을 자는 것도 시원치 않으니 매일의 일상이 고역입니다. 그러던 중 실력 좋은 의사를 만나 원인을 발견했고 또한 약도 처방받았습니다. 약병을 받아들고는 '아, 이 약이 나를 구원할거야!' 하고 기뻐합니다. 그는 약병을 식탁에 올려놓고 매일 그 약병을 바라보면서 고백합니다. '너야말로 내 병을 치료할 구원자다.' 하지만 그렇게 고백만 할 뿐 약을 먹지 않습니다. 그러니 병이 깊어만 갑니다. 그리고 지쳐 허덕일 때마다 생각합니다. '그 의사가 한 말은 다 거짓말이었나? 저 약도 소용이 없네.'

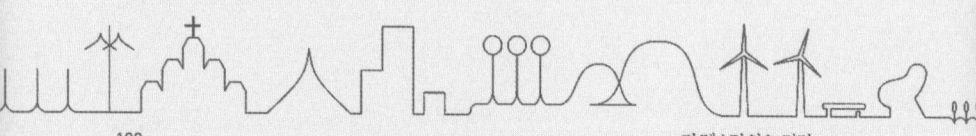

말도 안 되는 이야기지만, 이것이 스스로 신앙을 가졌다고 말하는 사람들의 모습일 수 있습니다. 예수 그리스도가 인류의 구원자임을 아는 것과 그 앞에 홀로 서서 고개 숙이고 고백하는 것은 전혀 다른 일입니다. 예수 그리스도를 주님으로 고백하는 것과 실제로 주님과 매일 동행하며 사는 것도 전혀 다른 일입니다. 매일 주님과 동행하는 데까지 이르러야만 그분이 주시는 구원이 무엇인지 알 수 있고, 자신의 삶을 통해 자기 욕망이 아니라 하나님 뜻이 이루어지는 것을 볼 수 있습니다.

이 글을 읽는 당신은 어떻습니까? 그분이 과연 당신의 구원자시라면, 먼 길을 마다하지 않고 찾아온 동방박사처럼 그분 앞으로 나아가야 하지 않겠습니까? 그분 앞에 홀로 서서 머리 숙여 '당신은 진실로 저의 왕이십니다' 하고 고백해야 하지 않겠습니까? 그리고 그 고백대로 매일 주님을 왕으로 모시고 살아가야 하지 않겠습니까?

이제 다시 한 번 당신의 믿음을 확인하십시오. 예수 그리스도를 믿는다는 것은, 역사의 주인은 하나님이시라는 사실을 믿는 것입니다. 지금 눈에 보이는 것이 전부가 아님을 아는 것입니다. 힘을 가진 사람들의 악의가 역사를 만들어 가는 것이 아니라 하나님을 믿고 의지하며 그분의 뜻을 따라 살아가는 소수의 사람들이 역사를 빚어 간다는 사실을 믿는 것입니다. 매일 주님과 동행하며 살아가는 것은 바로 이 신실한 소수자에 속하는 것입니다. 부디, 예수 그리스도 앞

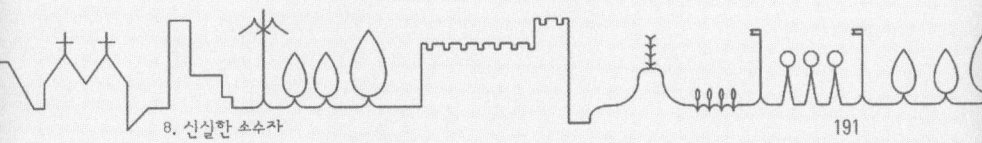

에 진실하게 머리 숙이고 그분을 왕으로 고백하고 또한 그렇게 매일을 살아감으로 우리의 욕심이 아니라 하나님 뜻이 이루어지기를 소원합니다.

> 왕으로 오신 주님,
> 저의 왕이 되어 주소서.
> 매일의 저의 삶을
> 주님이 다스려 주소서.
> 저의 삶이
> 저의 욕심을 위해서가 아니라
> 주님의 뜻을 위해
> 사용되게 하소서.
> 아멘.

묵상을 위한 질문

1. '인간의 역사는 탐욕의 역사다'라는 정의에 대해 당신은 어떻게 느낍니까? 어떤 점에서 동의합니까? 어떤 점에서 동의하지 않습니까? 구체적인 예를 들어 생각해 보십시오.

2. 인간의 악의와 폭력에도 불구하고 역사의 주인은 하나님이라고 믿습니까? 왜 그렇게 믿는지 생각해 보십시오. 그렇게 믿는다면 말하고 행동하는 것에 어떤 변화가 일어나겠습니까?

3. 신실한 소수자로 살도록 다짐하며 기도하십시오. 그러한 삶에 따르는 희생이 무엇인지 생각해 보십시오. 또한 그러한 삶으로 인해 맺어지는 열매가 무엇인지 생각해 보십시오.

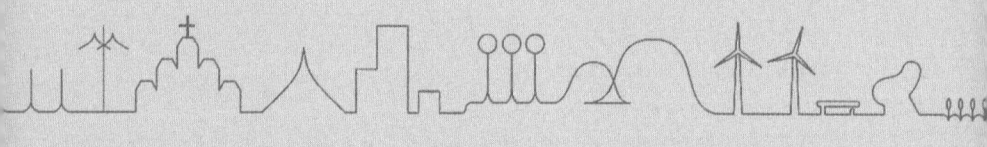

9장

헛되지 않다
마사다, 므깃도, 페트라

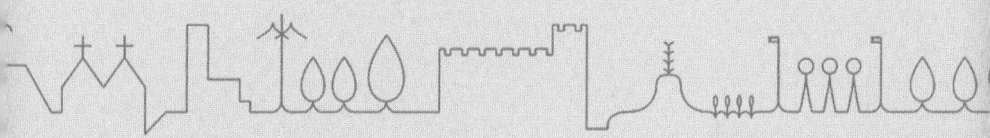

죽음의 잔치

'성지순례'聖地巡禮는 어떤 면에서는 '사지순례'死地巡禮라 할 수 있습니다. 가는 곳마다 죽음을 생각하지 않을 수 없는 것이 성지순례입니다. 죽음을 생각하다 보면, 자연히 인생이 무엇인가를 질문하게 되고, 그러면 어떻게 살아야 하는가를 질문하게 됩니다. 성지순례의 진정한 의미는 바로 여기에 있다 할 수 있습니다.

저의 순례 여정 중에 죽음에 대해 깊이 생각하게 만들어 준 곳이 여럿 있었습니다. 그중 하나가 마사다입니다. 마사다는 사해 근처 유대 광야의 한복판에 거대한 바위기둥을 세워 놓은 것처럼 우뚝 솟은 돌산입니다. 높이가 해발 450미터 정도 되는데, 그 돌산의 정상은 평평하게 되어 있습니다. 뾰족했던 산을 빙하가 지나가면서 깎아 내어 만들어진 것으로 추정됩니다. 그 결과, 길이 약 600미터에 폭 250미터 정도 규모의 타원형 분지가 생긴 것입니다. 돌산의 경사는 매우 가파릅니다.

이 돌산의 가치를 처음 알아본 사람은 헤롯 대왕이었습니다. 그는 권력을 지키는 일에 항상 불안을 느낀 사람입니다. 유대인들이 자신의 왕권을 인정하지 않았고, 로마 황실은 언제든지 자신을 버릴 수 있었습니다. 워낙 잔인하게 정적들을 해쳤기 때문에 언제든지 복

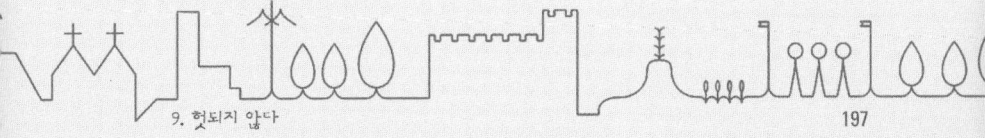

- 위에서 내려다 본 마사다 요새. 앞쪽에 보이는 것이 헤롯 대왕이 짓고 사용했던 별궁이다.

- 헤롯 별궁의 모습. 당시 건축술의 수준을 볼 수 있으며, 또한 헤롯 대왕의 두려움도 엿볼 수 있다.

수당할 수도 있었습니다. 그래서 그는 위험이 닥칠 때를 대비해 비밀 궁전을 짓기로 합니다. 그 목적을 위해 마사다는 최상의 선택으로 보였습니다.

그는 주전 37년부터 6년 동안 마사다 정상에 작은 도시를 건설했습니다. 사람들이 거주할 수 있는 집과 곡식 창고, 목욕탕 시설까지 마련했습니다. 게다가 절벽을 파서 3층짜리 궁전을 만들었습니다. 위기의 순간에 피신하면 아무도 손을 뻗칠 수 없는 그곳에 말입니다.

마사다의 폐허를 돌아보면서 수많은 사람들의 눈물과 땀과 피를 생각했습니다. 한 사람의 탐욕이 얼마나 많은 사람들을 희생시킬 수 있는지를 절감했습니다. 힘없는 백성들이 의미 없는 공사에 동원되어 아까운 생명을 희생해야 했다는 사실 때문에 참으로 마음이 아팠습니다. 헤롯 대왕과 그 주변에 있는 권력자들이 그곳에서 향락을 즐기는 동안, 얼마나 많은 백성들이 그들을 위해 무거운 짐을 지고 그 높고 가파른 산을 오르내려야 했을지 생각하니 한숨이 절로 나왔습니다.

마사다의 슬픔은 그것이 전부가 아닙니다. 주후 66년, 유대인들이 로마 정부에 반란을 일으키자 로마 군대가 대대적인 진압 작전을 펼칩니다. 그때 '시카리' Sicarii 라는 유대인 테러 그룹이 마사다에 피신합니다. 요세푸스의 기록에 의하면 모두 960명이었다고 합니다. 4년 동안의 긴 전투 끝에 예루살렘을 멸망시킨 로마군은 내친 김에 마사다로 피신한 반군들까지 진압하고자, 마사다 주변에 진을 치고 공략합니다. 하지만 깎아지른 높은 산에 성벽까지 세워져 있는 그 요새를 점령할 방도가 없었습니다. 로마군은 3년 동안 마사다 요새를 포위하고 여러 가지의 작전을 씁니다.

모든 수단이 실패로 돌아가자, 로마군은 마사다 정상에 이르는 인조 언덕을 쌓습니다. 어떤 학자는 한 달 정도 걸렸을 것이라고 추정하고, 어떤 학자는 6개월 정도 걸렸을 것이라고 추측합니다. 어떻든, 로마군은 인조 언덕을 통해 마다사 성을 공격하고, 유대인들은 죽을

• 로마군이 쌓아 올린 인조 언덕. 이 언덕을 통해 마사다를 공격하고 점령했다.

힘을 다해 반격합니다. 결국 그 싸움은 로마군의 승리로 기울어졌습니다.

성을 거의 함락시킨 상태에서 로마군은 일단 후퇴하고 다음 날 아침 다시 공격을 재개합니다. 그런데 이상하게도 그날은 유대인들이 반격을 하지 않습니다. 성을 부수고 성 안에 들어가고 나서야 그 이유를 알게 되었습니다.

패색이 짙어지자 유다 반군 지도자인 엘리아살 벤 야이르Eleazar ben Yair가 남은 사람들을 모아 놓고 연설을 합니다. "이제 남은 것은 로마군에게 항복하거나 마지막까지 싸우다 죽는 길밖에 없다. 하지만 또한 가지의 길이 있다. 영광스럽게 자결하는 길이다." 그 연설에 자극되어 모두가 자결을 택합니다. 그리고 마음을 정한 그들은 먼저 모든 소유물을 모아 불태우고 남자들에게 여자와 어린아이들을 살해하게 합니다. 남자들만 남게 되자 제비를 뽑아 열 사람을 고릅니다. 그 열 사람이 남은 남자들을 모두 살해합니다. 마침내 열 사람만 남게 되자 다시 제비를 뽑아 한 사람을 고릅니다. 그는 나머지 아홉 사람을 죽이고 자결합니다.

비극적인 죽음의 잔치가 벌어지던 날 두 명의 여자와 다섯 명의 어린아이들이 동굴 속에 피신해 있었고, 로마군이 성에 들어가 수색을 하던 중에 발견되었다고 합니다. 영원한 비밀로 묻혀 버릴 뻔했던 그 이야기가 이들을 통해 전해진 것입니다. 최근에 이루어진 고고학 연구는 요세푸스의 기록이 사실이었음을 확인해 주었습니다.

죽음의 냄새

팔레스타인 땅에서 가장 비옥한 곳이 이스르엘 평야입니다. 유대 산지와 광야를 돌아보고 나서 지중해 가까운 북쪽으로 가다 보면, 이것이 같은 나라인가 싶을 만큼 전혀 다른 광경이 펼쳐집니다. 어디를 가나 누런 황토빛만 보이던 산지와는 달리, 이곳은 푸른 평원과

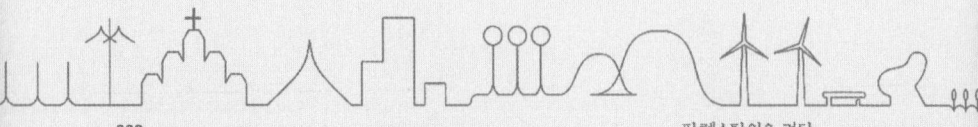

• 이스르엘 평원.

산이 펼쳐져 있습니다. 그래서 이곳을 팔레스타인의 곡창 지대라고 부릅니다. 그리고 그 평원의 한가운데 우뚝 솟아 있는 분지가 므깃도입니다. 말하자면, 므깃도는 이스르엘 평원을 지키는 망대인 셈입니다. 이스르엘 평원을 가지면 팔레스타인 전체를 가지는 것과 마찬가지였기에, 그만큼 므깃도의 역할은 중요했던 것 같습니다.

그래서 므깃도는 불가피하게 죽음의 냄새를 짙게 풍기는 곳입니다. 게다가 이곳은 이집트에서 시리아에 이르는 길목에 위치해 모든 권력자들이 탐을 내는 성이었고, 그래서 수많은 전쟁이 이곳에서 벌어졌습니다. 이곳이 파괴되고 재건된 횟수는 고고학자들의 발굴을

• 므깃도의 전경. 요한계시록에 나오는 '아마겟돈'이 '므깃도'에서 왔다.

통해 지금까지 밝혀진 것만 해도 스물여섯 번이라고 합니다. 그러니까 이곳에서 최소한 스물여섯 번 전쟁이 일어났다는 뜻입니다. 완전히 파괴된 것만 따진 것이므로, 작은 전쟁까지 포함하면 백 번도 넘을 것입니다.

요한계시록 16:16에 나오는 '아마겟돈'armageddon이라는 단어는 마지막에 우주적인 전쟁이 일어날 곳을 지칭합니다. 이 단어는 '므깃도 산'Mount of Megiddo이라는 뜻의 히브리어 '하르 므깃도'Har Megiddo에서 나왔습니다. 헬라어에는 자음 h가 없기 때문에 '아르므깃도'라고 읽고, 그

것이 변하여 '아마겟돈'이 된 것입니다.

　이런 근거에서 므깃도가 인류 종말의 최후 전쟁터가 될 것이라고 해석하는 사람들이 있습니다. 하지만 그것은 요한계시록에 대한 잘못된 해석입니다. 요한계시록의 아마겟돈은 지상의 어떤 장소를 말하는 것이 아니라, 인류의 모든 전쟁이 집약된 참혹한 전쟁을 상징합니다. 그 전쟁은 지상의 전쟁이 아니라 우주적인 전쟁이 될 것입니다.

　우리는 므깃도에 올라 남겨진 전쟁의 잔해들을 보았습니다. 눈이 닿는 곳마다 죽음의 냄새가 물씬 풍겼습니다. 이곳을 지키기 위해, 그리고 이곳을 점령하기 위해 얼마나 많은 사람들이 희생되었을까 생각하니 착잡하고 우울하고 슬퍼졌습니다. 한 사람의 생명이 온 우주보다 큰데, 그곳에서 얼마나 많은 우주가 깨어졌을까요? 그중에는 인생의 꽃을 피워 보지도 못하고 어린 나이에 희생된 이들도 많았을 것입니다. 그들로 인해 또 얼마나 많은 부모들이 피눈물을 흘렸을까요? 과연 그 많은 전쟁 중에서 생명을 바칠 만한 전쟁이 얼마나 되었을까요? 의미 없는 전쟁을 위해 덧없이 희생된 사람들의 인생은 누가 보상해 줄 수 있단 말입니까?

어디, 마사다와 므깃도뿐이겠습니까? 팔레스타인 땅과 주변 국가의 어디를 가나, 죽음의 냄새를 맡고 피의 흔적을 볼 수 있었습니다. 제라시에는 현대의 기술로도 설명되지 않을 정도로 어마어마한 로마식 건축물들의 잔해가 있습니다. 사람들은 눈에 보이는 그 규모와 기술에 놀라지만, 정작 놀랄 일은 그 건축을 위해 민초들이 감당해야 했을 희생과 고난입니다. 그것을 생각하니 그 장엄한 건축물들이 아름다워 보이기는커녕, 돌아보는 내내 씁쓸하기만 했습니다.

요르단 최대의 볼거리인 페트라에서도 죽음을 생각하지 않을 수 없습니다. 어마어마한 이암(황토가 뭉쳐진 바위)의 계곡 속에 만들어진 수백 개의 무덤은 보는 사람의 넋을 빼앗아 갈 정도입니다. 어느 왕의 무덤으로 추정되는 '알 카즈네' *Al Khazneh* 는 세계 제7대 불가사의 중 하나입니다. 한 권력자의 욕망을 위해 얼마나 많은 사람들이 동원되

- 페트라 지역의 바위산을 깎아 만든 동굴들. 일부는 무덤으로 사용되었고, 일부는 주거지로 사용되었다.

어 돌산을 깎아 궁전을 만들었을지 생각하니 피의 냄새가 물씬 풍깁니다. 그토록 어리석은 탐욕의 상징물 앞에서 그 후손들은 조잡한 기념품을 팔아 생계를 잇고 있으니 안타까울 따름입니다.

헛되고 헛되니

마사다 정상의 폐허에 서서, 그리고 므깃도에서 풍기는 진한 죽음의 냄새를 맡으며, 혹은 페트라의 무덤 궁전을 보면서 나는 깊은 허무

• 페트라의 명물 알 카즈네.

감을 느꼈습니다. 한때 목숨을 바쳐 싸웠던 그 싸움도 헛되고, 제왕과 장수들이 권력을 위해 몸부림쳤던 것도 헛되며, 하늘을 찌를 듯한 개선 행진도 헛되고, 금으로 장식한 화려한 보좌도 헛됩니다. 결국은 모든 것이 잿더미로 돌아가고 모든 생명은 죽음으로 돌아갑니다. 당시에 목숨을 걸고 싸웠던 사람들이 오늘의 폐허를 본다면 뭐라고 할까 싶었습니다.

어느 해인가, 성탄절을 지낸 다음 날 아침에 홀로 예배실에 앉아 전도서를 읽었습니다. 나의 육신은 지쳐 있었고, 영혼은 텅 빈 것 같았습니다. 그 많던 행사는 다 지나갔고, 사람의 발걸음은 뚝 끊어졌습니다. 전날까지만 해도 말씀이 우렁차게 울려 퍼졌고, 예배실 가득 성도들이 모여 찬송을 드렸건만, 그 모든 것이 꿈인 듯 예배실 안은 적막했습니다. 그곳에 홀로 앉아 전도서를 펼쳐서 1장부터 12장까지 소리 내어 읽었습니다. 그 말씀은 구구절절 제 마음에 와 닿았습니다.

전도서는 솔로몬 임금이 쓴 잠언집으로 알려져 있습니다. 그는 인류 역사에 이름을 남긴 왕들 중에서 부귀영화를 가장 많이 누린 사람입니다. 그가 인생의 말년에 이런 잠언집을 남겼다고 추정하는 것은 매우 그럴 듯한 일입니다. 솔로몬은 그 유명한 '허무함'의 선언으로 설교를 시작합니다.

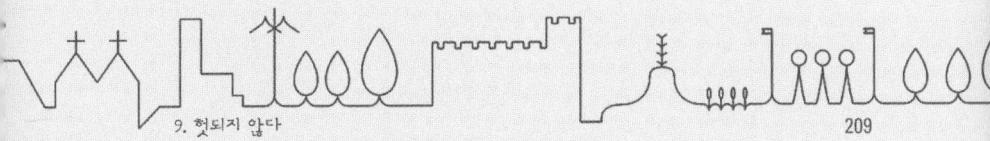

전도자가 말한다.

헛되고 헛되다.

헛되고 헛되다.

모든 것이 헛되다. (1:2)

인생에 실패한 사람이 한 말이 아님을 기억해야 합니다. 인생에 이룰 수 있는 것을 다 이루고 누릴 것을 다 누려 본 사람이 하는 말입니다. 솔로몬은 이어서 이렇게 말합니다.

원하던 것을 나는 다 얻었다.

누리고 싶은 낙은 무엇이든 삼가지 않았다.

나는 하는 일마다 다 자랑스러웠다.

이것은 내가 수고하여 얻은 나의 몫인 셈이었다.

그러나 내 손으로 성취한 모든 일과

이루려고 애쓴 나의 수고를 돌이켜보니,

참으로 세상 모든 것이 헛되고,

바람을 잡으려는 것과 같고,

아무런 보람도 없는 것이었다. (2:10-11)

이스라엘 사람들은 솔로몬을 위대한 임금으로 추앙하고 있지만,

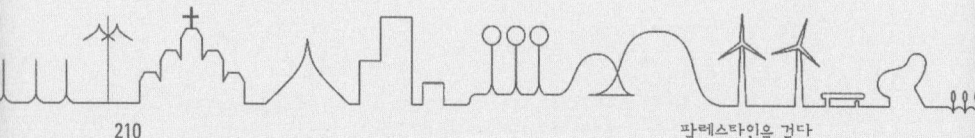

그 역시 거대한 탐욕을 위해 살았습니다. 그로 인해 얼마나 많은 사람들이 희생했을지 가늠할 수 없습니다. 앞에서 소개한 므깃도는 솔로몬 임금이 가장 중요하게 여겼던 요새였습니다. 생전의 그는 신과 같은 존재요, 하고 싶은 일은 무엇이나 할 수 있는 최고 권력자였습니다. 하지만 그도 결국은 죽음 앞에서는 두 손을 들어야 했습니다. 당대에는 하늘과 땅처럼 차이가 있어 보였지만, 몇 십 년 지나지 않아 그는 가난한 백성과 같은 운명에 처하게 되었습니다. 9장에서 솔로몬은 그 진실을 말하고 있습니다.

> 모두가 같은 운명을 타고났다.
>
> 의인이나 악인이나,
>
> 착한 사람이나 나쁜 사람이나,
>
> 깨끗한 사람이나 더러운 사람이나,
>
> 제사를 드리는 사람이나 드리지 않는 사람이나,
>
> 다 같은 운명을 타고났다.
>
> 착한 사람이라고 해서 죄인보다 나을 것이 없고,
>
> 맹세한 사람이라고 해서
>
> 맹세하기를 두려워하는 사람보다 나을 것이 없다. (9:2)

그렇습니다. 죽음 앞에서는 평등합니다. 물론 억울한 죽음도 있습

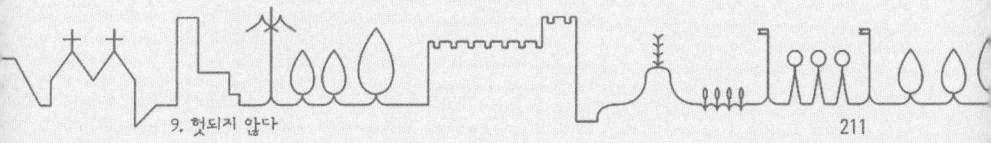

니다. 너무 이른 죽음도 있고, 너무 안타까운 죽음도 있습니다. 하지만 결국 권력을 가진 자도, 돈을 가진 자도, 지혜를 가진 자도, 모두 죽음 앞에서 무력해집니다. 이집트의 왕들은 죽음 이후에도 권력을 누리기 위해 거대한 무덤을 만들고 그 안에 산 사람을 매장하기도 했습니다만, 그것으로 그의 죽음 이후가 달라지지 않았습니다. 역사에 이름을 남겼다고는 하지만 그것도 알고 보면 별 의미가 없습니다.

아, 그러고 보니 전도서는 마사다 정상의 돌더미 가운데서, 혹은 므깃도의 폐허나 페트라의 무덤 궁전 앞에서 읽으면 제맛일 것 같습니다. 거기까지 갈 수 없다면 가까운 공동묘지 안에 자리를 잡고 읽어 볼 만합니다.

창조주를 기억하라

인생이라는 것이 결국 이렇게 허무하게 되는 것이라면, 과연 어떻게 살면 좋겠습니까? "헛되고 헛되며 헛되고 헛되니, 모든 것이 헛되다"는 선언으로 설교를 시작한 솔로몬은 독자에게 어떻게 살라고 합니까?

인생이 허무하다는 사실을 깨달으면, 그 결과는 크게 두 가지의 인생관으로 나뉩니다. 하나는 허무한 인생이니 살아야 할 이유도 없

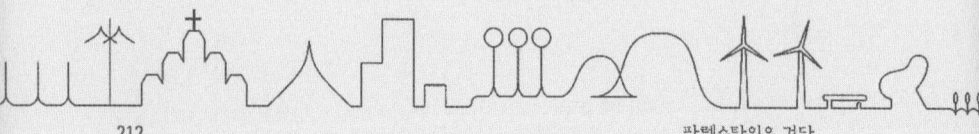

다는 인생관입니다. 아더 쇼펜하우어 같은 허무주의자들이 그렇게 주장했습니다. 산다는 것은 고통을 겪는다는 뜻이므로 일찍 죽는 것이 가장 행복한 길이라고 말하는 사람도 있습니다.

또 다른 사람은 인생이 허무하니 할 수 있는 한 즐기는 것이 최고라고 말합니다. 이런 사람들을 쾌락주의자라 부릅니다. 기왕에 한 번 살다 가는 것이니 마음껏 즐기는 것이 최고라고 생각하는 것입니다.

전도서를 읽다 보면 언뜻 허무주의나 쾌락주의를 말하고 있는 듯 보입니다. 하지만 그것은 오해입니다. 허무주의와 쾌락주의는 동일하게 무신론의 근거 위에 서 있습니다. 하나님은 존재하지 않고 인생에는 아무 의미가 없으니, 살 가치가 없다는 결론과 마음껏 즐기는 것이 최선이라는 결론에 이르는 것입니다.

반면, 솔로몬이 "헛되고 헛되며 헛되고 헛되니, 모든 것이 헛되다"라고 고백한 이유는 인생의 말년에 하나님의 현존을 더 분명히 깨닫고 그 앞에 겸손히 고개 숙였기 때문입니다. 하나님이 어떤 분이시고 그분이 지으신 인생이 어떤 것인지를 깨닫자, 탐욕에 눈이 멀어 스스로 위대한 일을 이루기 위해 골몰하던 자신의 과거가 헛되어 보였던 것입니다. 인생 자체가 허무한 것이 아니라, 자신의 욕망에 이끌려 무엇인가 이루어 보기 위해 몸부림친 것이 허무하다는 뜻입니다.

그렇기 때문에 하나님을 믿는 사람은 인생의 허무를 느낄 때 쾌

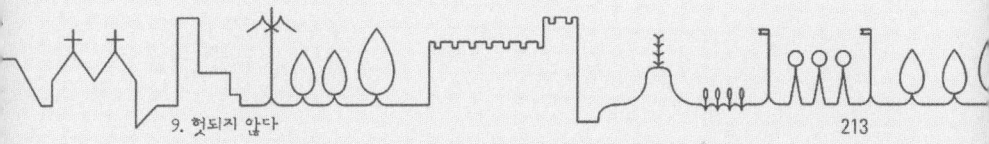

락주의나 허무주의로 흐르지 않고 오히려 참되고 영원한 인생관을 찾습니다. 인생의 허무함을 느낄 때마다 우리는 하늘을 우러러보아야 합니다. 그럴 때 비로소 우리는 어떻게 살아야 하는지를 진정으로 알게 됩니다. 솔로몬은 전도서 마지막에서 이렇게 권면합니다.

젊을 때에
너는 너의 창조주를 기억하여라.
고생스러운 날들이 오고,
사는 것이 즐겁지 않다고 할 나이가 되기 전에,
해와 빛과 달과 별들이 어두워지기 전에,
먹구름이 곧 비를 몰고 오기 전에,
그렇게 하여라. (12:1-2)

전도서는 솔로몬이 쓴 회개의 고백록이라고 할 수 있습니다. 창조주 하나님을 섬긴다고는 했지만 너무도 자주 자신의 탐욕을 위해 살았던 과거에 대한 회개입니다. 자신의 탐욕으로 인해 얼마나 많은 피를 보았는지, 얼마나 많은 가정이 파괴되었는지, 얼마나 많은 자원이 허비되었는지, 결과적으로 자신이 얼마나 많은 죄악을 저질렀는지를 깨닫고 회개하고 있습니다. 후손들이 자신과 같이 허망하고 후회스러운 삶을 살지 않기를 바라면서 이 글을 쓰고 있는 것입니다.

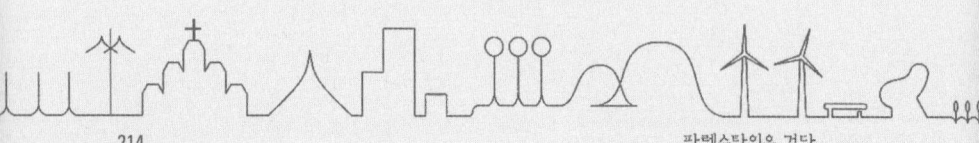

젊을 때 진실로 창조주를 기억하고 살았다면, 솔로몬은 다르게 살았을 것입니다. 자신의 욕심이 아니라 하나님의 뜻을 위해 살았을 것입니다. 대단한 일이 아니라 의미 있는 일을 꿈꾸었을 것입니다. 최고가 아니라 최선을 위해 살았을 것입니다. 거창한 일이 아니라 참된 일을 마음에 품었을 것입니다. 역사에 이름을 남기기 위해서가 아니라 하나님 나라에 기억되기를 원했을 것입니다. 남들보다 높아지기 위해서가 아니라 남들과 함께 살기 위해 힘썼을 것입니다. 그랬더라면 솔로몬은 '인류 역사상 최고의 영화를 누린 임금'이 아니라 '인류 역사상 가장 훌륭한 임금'으로 기억되었을 것입니다. 임금이 최고의 영화를 누렸다는 말은 칭찬이 아니라 욕입니다. 임금의 영화의 정도는 그가 저지른 죄악의 정도와 비례하기 때문입니다.

분복에 만족하는 것

모든 것이 헛됨을 알고 하나님 앞에 돌아온 사람이나 하나님 현존 앞에 모든 것이 헛됨을 깨달은 사람은, 주어진 것에 자족합니다. 위대한 일을 이루기 위해 부심하지 않습니다. 미래의 성공을 위해 오늘을 희생하지 않습니다. 큰 것을 이루기 위해 작은 것을 희생하지 않습니다. 자신의 업적을 통해 인정받기를 구하지 않습니다. 보란 듯

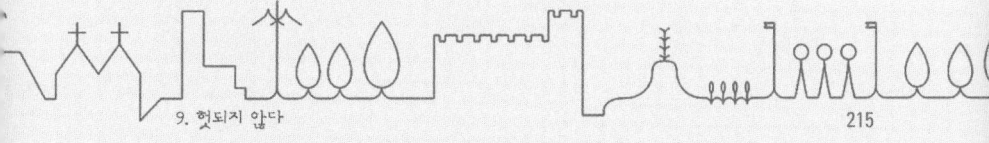

이 성공하기 위해 자신과 이웃을 들볶지 않습니다. 다만 모든 것을 하나님께 맡기고 그분 뜻을 따라 하루하루 정성을 다해 살아갈 뿐입니다. 그렇게 사는 사람의 모습을 솔로몬은 이렇게 정리했습니다.

> 그렇다. 우리의 한평생이 짧고 덧없는 것이지만, 하나님이 우리에게 허락하신 것이니, 세상에서 애쓰고 수고하여 얻은 것으로 먹고 마시고 즐거워하는 것이 마땅한 일이요, 좋은 일임을 내가 깨달았다. 이것은 곧 사람이 받은 몫이다. 하나님이 사람에게 부와 재산을 주셔서 누리게 하시며, 정해진 몫을 받게 하시며, 수고함으로써 즐거워하게 하신 것이니, 이 모두가 하나님이 사람에게 주신 선물이다. 하나님은 이처럼, 사람이 행복하게 살기를 바라시니, 덧없는 인생살이에 크게 마음 쏠 일이 없다. (5:18-20)

'애쓰고 수고하여 얻은 것으로 먹고 마시고 즐거워하는 것', 그것이 하나님이 보고 싶어 하시는 인생입니다. 허무한 인생이니 먹고 마시고 즐기자는 뜻이 아닙니다. 모든 것을 하나님께 맡기고 매일 주어지는 시간을 의미와 보람과 기쁨으로 채우라는 뜻입니다. 그것이 인간을 지으실 때 하나님이 의도하신 것입니다. 하나님은 모든 사람이 그와 같이 행복하기를 바라십니다. 그 뜻을 아는 사람은 자신의 욕망을 위해 분투하지 않고 모두를 행복하게 하기 위해 살아갑니다.

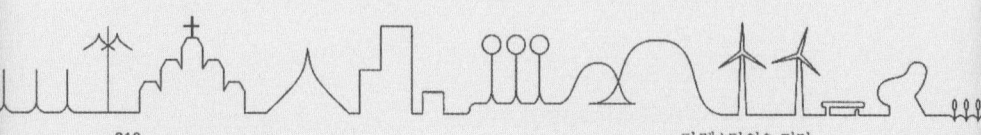

뿐만 아니라, 창조주 하나님을 기억하는 사람은 이 땅의 것이 전부가 아님을 압니다. 므깃도에서, 마사다에서, 페트라에서 세상을 호령하던 군주와 장수들이 지금은 어디에서 무엇을 하고 있습니까? 한때 세상을 다 가진 것으로 알고 축배를 들던 그들은 수백 년 전에 먼지가 되고 말았습니다. 우리도 얼마 후면 같은 처지가 될 것입니다. 그러니 인생이란 과연 무엇이란 말입니까? 아침 이슬과도 같고 한 그루의 풀포기와 같습니다. 그런데 창조주 하나님을 생각하면 그것이 전부가 아님을 알게 됩니다. 우리 눈에 보이는 것만 본다면 인생은 참으로 허무하지만, 그것이 전부가 아닙니다. 지금은 우리 눈에 감추어진 하나님 나라가 있으며, 목숨과는 다른 생명이 있습니다. 우리에게 힘이 있다면 무덤 궁전을 지을 것이 아니라 우리의 영원한 고향인 그 나라를 위해 사용해야 합니다.

그러므로 창조주 하나님을 기억하십시오. 오늘 우리와 함께하시는 주님을 항상 기억하십시오. 매일 주님과 동행하기를 힘쓰십시오. 그러면 헛된 일에 마음 쓰지 않을 것입니다. 헛된 일에 시간과 정력을 낭비하지 않을 것입니다. 거대한 일을 이루려고 버둥대지 않을 것입니다. 자신을 드러내고 인정받기 위해 두리번거리지 않을 것입니다. 어떤 일을 당해도 세상이 무너진 것처럼 절망하거나 세상을 다 가진 것처럼 우쭐해지지 않을 것입니다. 자신에게 주어진 것에 만족하고, 매일 주어지는 일에 성실하며, 오늘 하루 먹고 마시고 즐거워

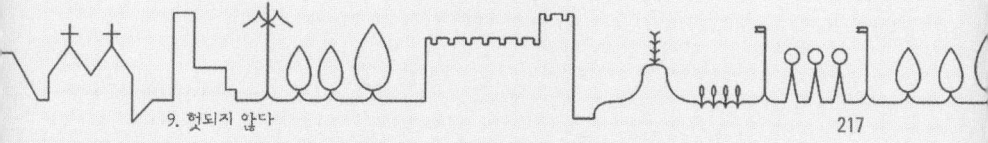

하는 것으로 만족하고 살게 될 것입니다. 그렇게 매일을 살아 마침내 하나님 품에 안기는 것이 우리가 걸어야 할 순례길입니다. 하늘의 평화는 그렇게 사는 사람을 통해 세상으로 흘러 나갈 것입니다.

> 암탉이 병아리를 품듯
> 주님은 저희를 품으시고 돌보십니다.
> 하지만 저희는 그것을 모르고,
> 잘 살아 보겠다고
> 저희 스스로 몸부림을 칩니다.
> 오, 주님,
> 지치고 피곤해진 저희의 영혼을
> 하늘의 이슬로 적셔 주시어
> 새 힘을 얻게 하소서.
> 저희를 품으시고 인도하시는 주님을 믿고
> 분복에 만족하며
> 매일의 삶에 신실하게 하소서.
> 그리하여
> 매일 주님 주시는 행복을 누리며
> 또 그 행복을 전하며 살게 하소서.
> 아멘.

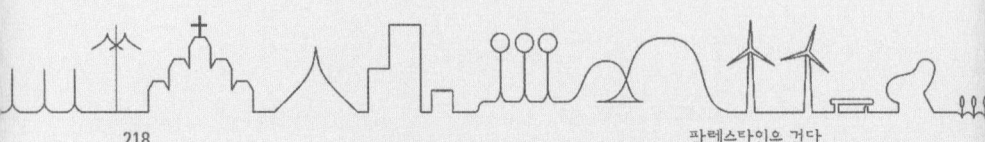

묵상을 위한 질문

1. 인생의 허무함을 진하게 느껴 본 경험을 생각해 보십시오. 그 허무감은 당신에게 어떤 메시지를 주었습니까?
2. 쾌락주의적 삶의 방식과 허무주의적 삶의 방식을 생각해 보십시오. 당신의 삶의 방식은 그것과 어떻게 다릅니까? 당신의 삶의 철학에 이름을 붙인다면 무엇이겠습니까?
3. 하나님 임재 앞에서 인생의 허무함을 느낀 사람은 어떻게 살아갑니까? 당신은 얼마나 그것에 가깝게 삽니까?

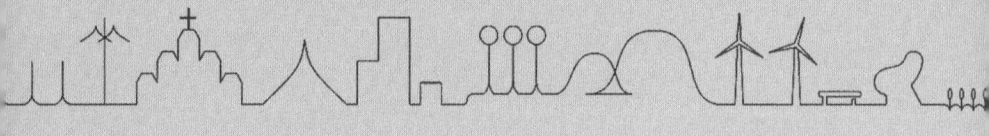

10장
—
첫사랑의 기억
갈릴리 호수

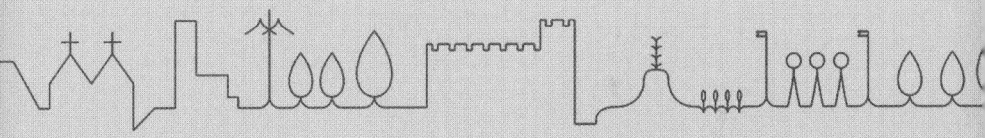

마음의 고향

예수님의 일생과 관련해 중요한 지명이 몇 군데 있습니다. 그분은 베들레헴에서 태어나 나사렛에서 자라셨으며, 이후 요르단 강에서 세례를 받고 유대 광야에서 금식하며 기도하셨습니다. 그리고 가버나움에서 본격적으로 공적 활동을 시작하셨고 예루살렘에서 돌아가셨습니다.

이 장에서 살펴볼 갈릴리는 베들레헴이나 나사렛 같은 동네 이름이 아닙니다. 한국으로 따지면 시 혹은 도에 해당하고, 미국으로 따지면 주에 해당한다 할 수 있습니다. 유대 지방의 베들레헴에서 태어나신 예수님은 갈릴리 지방의 나사렛이라는 동네에서 유년기와 청년기를 보내셨습니다. 세상에 자신을 드러내기 전까지 그분이 어떻게 사셨는지에 대해서는 알려진 바가 없습니다. 복음서가 쓰일 당시만 해도 예수님의 사적 생애가 관심사가 아니었기 때문에 기록하지 않은 것입니다. 당시 사람들의 관심사는 그분의 죽음과 부활 그리고 공적 생애 동안의 말씀과 행적에 있었고, 그것만 기록하기에도 지면이 부족한 형편이었습니다. 그러는 동안에 그분의 사적 생애에 대해 말해 줄 증인들이 하나둘 사라졌고 그 이야기는 영영 잊힌 것입니다.

복음서의 기록에 따르면, 그분은 평범한 목수로 살다가 30세쯤 되

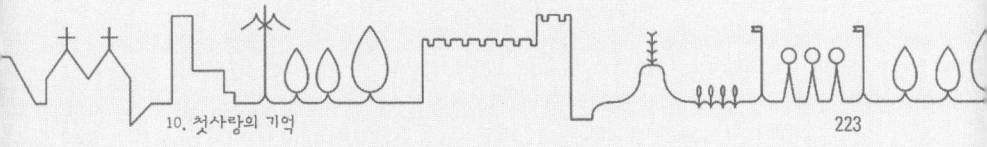

• 예수님은 공적 사역을 위해 갈릴리를 떠나 가버나움으로 이주셨다.

었을 때 공적 활동을 시작하셨습니다. 그분은 먼저 요르단 강에서 요한에게 세례를 받으시고 유대 광야에 나가 40일 동안 금식하며 기도하십니다. 그로부터 얼마 후 세례 요한이 체포되었다는 소식을 듣습니다. 예수님은 자신의 때가 되었다고 생각하고는 나사렛을 떠나 갈릴리 호수 근처에 있는 가버나움으로 이주해 사역을 시작합니다.

 이번 여정에서 우리 일행은 유대 지역과 가이사랴를 거쳐 갈릴리로 향했습니다. 갈릴리 호수까지 500미터 정도 떨어진 숙소에 도착했을 때는 해가 뉘엿뉘엿 넘어가는 시간이었습니다. 짐을 풀고 저녁 식사 시간까지 여유가 있어서 호숫가로 산책을 나갔습니다. 그곳에는 작은 전시관이 있었는데, 얼마 전에 발견된 베드로 시대의 배를 전시해 둔 곳이었습니다. 시간이 늦어 문이 닫혀 있었기에 호숫가로 나갔습니다. 호수에는 갈대가 촘촘히 자라고 있었고, 위로는 하얀 달이 떠 있었습니다. 주변은 한적하고 고요했습니다.

 나는 아내와 떨어져 홀로 그 호숫가에 섰습니다. 눈을 감고 심호

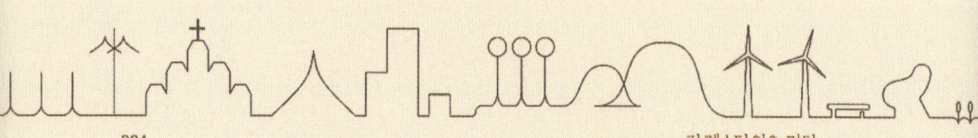

• 어스름이 내린 갈릴리 호수.

흡을 몇 번 했습니다. 순간, 말로 표현할 수 없는 안식과 평안이 마음을 채웠습니다. 마치 번잡한 도시의 삶에서 벗어나 고향에 온 느낌이었습니다. 여기가 바로 주님이 걷고 말씀하셨던 곳이라고 생각하니 거룩한 전율이 내 몸을 스쳤습니다. 이상하게도, 주님이 십자가를 지고 걸으셨던 비아 돌로로사를 걸을 때보다 주님의 임재를 더 친밀하게 느낄 수 있었습니다. 거기서는 너무나 많은 것들이 묵상을 방해했지만, 갈릴리 호숫가에서는 아무것도 방해하지 않았습니다. 벤치에서 눈을 감고 묵상하는데, 마치 예수님이 옆에 앉아 계신 듯한 느낌이 들었습니다. 나는 한참 동안 그곳에 그렇게 앉아 있었습니다.

베드로의 첫사랑

갈릴리는 예수님이나 제자들에게 매우 중요한 의미를 가지는 곳입니다. 첫사랑의 기억이 서린 곳이기 때문입니다.

주님이 제자들을 처음 만나시고 부르신 곳이 갈릴리입니다. 제자들마다 주님을 만난 경위가 다르고 주님을 따라 나선 동기가 달랐으니, 여기서는 베드로의 경우만을 생각해 보겠습니다. 주님은 베드로를 어떻게 만나 주셨고, 또 베드로는 어떻게 주님을 따라 나서게 되었습니까? 그 첫사랑의 이야기가 누가복음에 기록되어 있습니다.

그날, 어부 일로 잔뼈가 굵은 베드로는 동료들과 호수에서 그물을 손질하고 있었습니다. 밤새도록 허탕만 친 탓에 빨리 정리하고 집에 가서 쉬려는 차에, 낯선 사람이 다가옵니다. 그 사람 뒤에는 어디서 왔는지 적지 않은 사람들이 모여 있습니다. 그 사람이 "잠시 배를 사용해도 되겠느냐?"고 묻습니다. 그렇게 하라고 했더니, 그 사람이 배에 올라와서는 해변에 모인 사람들에게 설교를 합니다. 배는 강단이 되고 해변은 부채꼴 예배당이 된 것입니다.

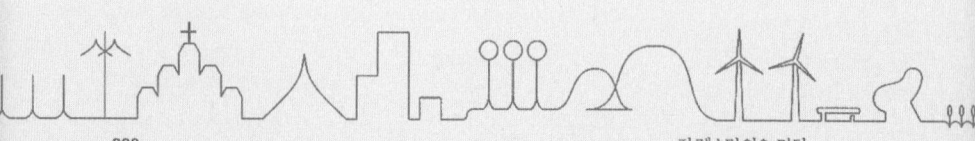

베드로는 그물을 손질하면서 그 사람의 설교에 귀 기울입니다. 이전에는 결코 들어보지 못한 말씀이었습니다. 내용도 그랬고, 말씀하시는 태도 역시 달랐습니다. '이분은 누구신데 저런 말씀을 하시나?' 베드로는 그 사람의 정체가 궁금해졌습니다.

설교를 마친 그 사람이 베드로에게 말을 겁니다. "깊은 데로 나가, 그물을 내려서 고기를 잡아라"[녹 5,4]. 베드로는 그 사람에게서 거부할 수 없는 권위를 느꼈습니다. 그래서 "선생님, 우리가 밤새도록 애를 썼으나, 아무것도 잡지 못했습니다. 그러나 선생님의 말씀을 따라 그물을 내리겠습니다"[5절]라고 대답하고는 배를 저어 깊은 곳으로 가서 그물을 내립니다. 얼마 후 그물에 손을 댄 베드로는 깜짝 놀랐습니다. 손바닥의 느낌만으로도 알 것 같았습니다. 그물이 찢어질 정도로 많은 고기가 잡힌 것입니다. 그때 베드로는 그분이 누구신지 깨달았고, 그날로 그분의 제자가 되었습니다.

베드로와 예수님 사이의 사랑은 그렇게 시작되었습니다. 그는 예수님의 제자 중에서도 수제자로 인정받은 사람입니다. 예수님은 열두 제자 모두와 함께할 수 없을 때도 베드로와 다른 두 제자만큼은 옆에 두셨습니다. 베드로는 그런 주님의 특별한 사랑과 신뢰에 감사했고 그래서 몸을 바쳐 충성했습니다. 목숨까지도 주님께 드리고 싶었습니다. 진실한 사랑을 경험하면 자신의 것을 다 주고 싶어지는 법입니다.

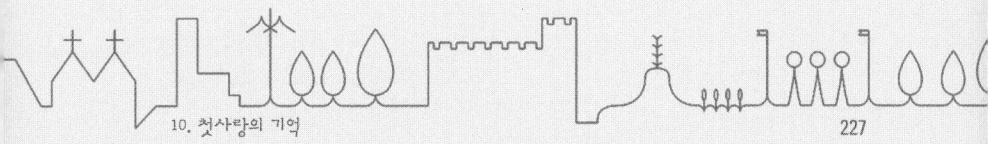

• 가버나움의 산에서 갈릴리 호수를 내려다본 풍경.

    예수님이 고난을 받고 십자가에 달려 죽을 것이라고 예고하셨을 때, 베드로는 "비록 모든 사람이 다 주님을 버릴지라도, 나는 절대로 버리지 않겠습니다"마 26:33라고 말합니다. 이 얼마나 대단한 사랑의 고백입니까? 이때 베드로의 마음은 진심이었습니다. 정말 그렇게 하고 싶었고, 또한 그럴 자신도 있었습니다.

    그런데 예수님은 그 뜨거운 사랑의 고백에 찬물을 끼얹으셨습

니다. "내가 진정으로 네게 말한다. 오늘 밤에 닭이 울기 전에, 네가 세 번 나를 모른다고 할 것이다"³⁴절. 이 대답에 베드로는 발끈합니다. 자기의 진심을 몰라 주는 주님이 야속했을 것입니다. 그래서 그는 다시 한 번 다짐합니다. "주님과 함께 죽는 한이 있을지라도, 절대로 주님을 모른다고 하지 않겠습니다"³⁵절. 베드로에게는 그럴 자신이 있었습니다. 죽음 앞에서 주님을 모른다고 부인한다는 것은 상상

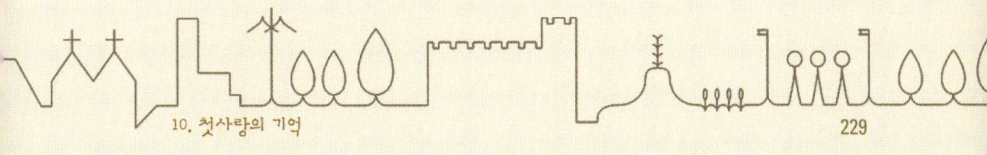

할 수도 없는 일이었습니다.

하지만 그로부터 몇 시간 후, 베드로는 가야바 법정에서 자신의 사랑의 실상을 목도합니다. 예수님이 재판받는 광경을 멀리서 지켜보는 중에 어느 여종이 다가와 "당신도 예수와 한패지요?"라고 묻습니다. 베드로는 엉겁결에 아니라고 대답했고, 두 번째 질문에는 맹세하며 부인했고, 세 번째 질문에는 맹세하고 저주하며 부인합니다. 한 번은 실수라고 할 수 있지만, 두 번, 세 번 반복할 때는 실수라고 할 수 없습니다. 그때 닭이 울었고, 베드로는 어둠 속으로 나가 심하게 통곡했습니다.

갈릴리로 가라

베드로는 생명을 바치기까지 예수님을 사랑하고 싶었지만 초라하게 실패했습니다. 상상하지 못했던 그 참담한 실패로 인해 그는 절망에 빠졌을 것입니다. 모든 의욕과 열정이 한순간에 증발되어 버렸습니다. 이제는 '사람 낚는 어부'로서의 꿈을 포기해야 했습니다. 3년 동안 그의 마음을 설레게 했던 그 모든 열정이 차갑게 식어 버렸습니다. 그렇게, 주님이 사랑했던 제자들 그리고 주님을 사랑한다던 제자들이 모두 사라지고 난 자리에서 주님은 외롭게 십자가에 달려 죽으십니다.

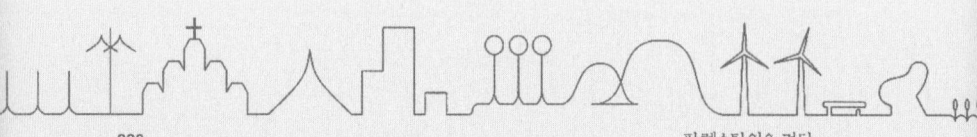

예수님이 무덤에 장사된 지 사흘째 되는 날, 그분을 가까이 따르던 여인들이 무덤을 찾습니다. 그들은 무덤 문이 열려 있는 것을 보았고, 그 안에 예수님의 시신이 없어진 것을 발견했습니다. 어찌된 영문인지 몰라 당황하고 두려워하던 여인들에게 천사가 나타나 말을 건넵니다. 천사는 예수님이 예언하신 대로 부활하셨다고 전하면서 이렇게 당부합니다.

> 빨리 가서 제자들에게 전하기를, 그는 죽은 사람들 가운데서 살아나셔서 그들보다 먼저 갈릴리로 가시니, 그들은 거기서 그를 뵙게 될 것이라고 하여라. (마 28:7)

주님은 왜 갈릴리로 가셨을까요? 왜 제자들을 갈릴리로 부르셨을까요? 바로, 그들을 첫사랑의 장소로 부르기 위해서입니다. 보통 위기에 빠진 부부들은 새롭게 출발하기 위해 처음 만났던 장소나 청혼했던 장소를 찾습니다. 처음 만났던 장소로 돌아가 처음 서로를 만났을 때의 감정을 회복하고 싶은 것입니다. 이처럼 주님은 제자들을 첫사랑의 기억이 서린 곳으로 부르셨습니다.

베드로는 여인이 일러 준 대로 갈릴리로 돌아갑니다. 하지만 어디로 가야 할지 알 수 없습니다. "갈릴리에서 너희를 만날 것이다"라는 말은 "전라도에서 너희를 만날 것이다"라는 말과 같습니다. 갈릴

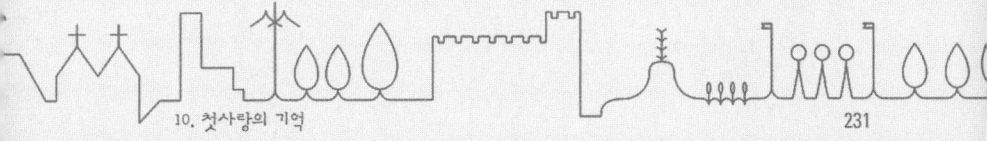

리 그 넓은 땅에서 어디로 가야 그분을 만날 수 있단 말입니까? 하는 수 없이 베드로와 그 일행은 갈릴리 호수로 돌아갑니다. 아! 그런데 바로 그곳이 주님이 생각했던 곳이었습니다. 갈릴리 호수에서 부활하신 주님과 베드로가 다시 만나 첫사랑을 회복하는 이야기가 요한복음 21장에 기록되어 있습니다.

갈릴리 호수로 돌아온 베드로는 고기를 잡고 싶어졌습니다. 3년 넘게 손을 놓았던 일입니다. 복잡한 심사를 달래는 데는 몸을 움직여 하는 일이 적격입니다. 낚시를 취미로 즐기는 사람들의 이야기를 들어 보면, 낚시의 목적은 고기 잡는 것이 아니라 마음을 진정시키는 것이라고 합니다. 베드로는 여러 가지 생각으로 복잡한 머리와 마음을 잠시라도 비우기 위해 배에 오릅니다. 주님을 만날 때까지 할 만한 일은 그것밖에 없었습니다.

그런데 도무지 고기가 잡히지 않습니다. 아무리 3년 동안 손을 놓았다고 해도 그렇지…. 초보자도 몇 마리쯤은 잡는 법인데, 어찌 밤이 새도록 한 마리도 그물에 걸리지 않는가 말입니다. 모처럼 머리를 식히려고 그물을 잡은 것인데, 오히려 심사가 더 뒤틀렸을 것입니다.

새벽이 되어 고기잡이를 포기하고는 호숫가로 돌아와 그물을 정리합니다. 그때 누군가가 다가와 말을 건넵니다. "무엇을 좀 잡았습니까?" 베드로와 그 일행은 지나가는 행인인 줄 알고 눈길도 주지 않고 "아무것도 못 잡았습니다"라고 대답합니다. 그러자 그 사람이 그물을 배 오른쪽에 던져 보라고 합니다.

베드로는 그 말에 멈칫 했을 것입니다. 3년 전 예수님을 처음 만났을 때의 기억이 떠오릅니다. 그의 마음에 '혹시?' 하는 의문이 떠올랐지만, 금세 머리를 흔들어 떨쳐 버렸을 것입니다. 그럴 리 없다고 생각하며 말입니다. 배 곁을 지나는 사람들은 거의 예외 없이 "무엇을 좀 잡았습니까?"라고 물어 왔고, 그 역시 그런 행인 중 하나일 거라고 생각했습니다. 하지만 배 오른쪽에 그물을 던져 보라는 제안이 심상치 않습니다. 베드로는 속는 셈 치고 배 오른쪽에 그물을 던집니다. 그냥 무시하기에는 심상치 않은 점이 있었기 때문입니다.

잠시 후, 그물을 잡아 올리려고 손을 댔을 때 베드로는 깜짝 놀랍니다. 그물이 묵직해진 것입니다. 끌어올리려니 꿈쩍도 하지 않습니다. 그때 요한이 베드로에게 외칩니다. "저분은 주님이시다!" 베드로는 이미 그 사실을 알고 있었습니다. 그물을 던지기 전에 '혹시?' 했는데, 그물이 가득 찬 것을 발견하는 순간 '그렇구나!'라고 생각했습니다. 그분은 주님이셨습니다. 그는 너무도 반가운 나머지 물로 뛰어들어 주님께 달려갑니다.

깨어진
첫사랑의 회복

예수님과 베드로 그리고 제자들은 잡은 생선을 구워 해변가에서 아침 식사를 나누었습니다. 우리 일행도 갈릴리 호수 근처에서 소위 '베드로 고기'라는 이름의 생선을 맛보았습니다. 생선 한 마리로 한 끼 식사가 충분했습니다. '주님도 이 생선을 드셨겠지' 생각하며 생선 맛을 한껏 음미했는데, 나중에 가이드가 김새는 말을 들려줍니다. 조금 전에 먹은 생선은 갈릴리 호수에서 잡은 것이 아니라, 골란 고원에 있는 양식장에서 기른 것이라고 말입니다. 하긴, 하루에도 수백 명이 갈릴리 호수에 와서 점심으로 그 생선을 찾는데, 그 많은 양을 갈릴리 호수에서 공급받을 수는 없는 일입니다.

식사를 마친 후에 예수님은 베드로를 따로 불러내십니다. 아마도 단둘이 해변을 걸었는지도 모릅니다. 한참을 말없이 걷던 예수님이 베드로에게 물으십니다.

요한의 아들 시몬아, 네가 이 사람들보다 나를 더 사랑하느냐? (요 21:15)

여기서 예수님은 베드로를 부르실 때 그분이 지어 주신 새 이름 '게바'가 아니라 원래의 이름 '시몬'을 사용하십니다. 우연한 일이 아닙니다.

• 갈릴리 호숫가 식당에서 먹은 '베드로 고기.'

처음부터 다시 시작하려는 뜻으로 이렇게 불렀을 것입니다.

주님은 베드로에게 사랑에 대해 묻습니다. 이 질문, "나를 사랑하느냐?"를 원어 그대로 옮기면 "아가페이스 메?"$^{agapeis\ me}$입니다. 헬라어 '아가페'^{agape}는 신적 사랑, 무조건적이고 영원한 사랑을 가리킵니다. 예수님이 십자가에서 보여 주신 사랑이 바로 아가페입니다. 그러니까 예수님의 질문은 이렇게 바꾸어 쓸 수 있습니다.

요한의 아들 시몬아, 내가 너를 사랑한 것처럼 너는 나를 사랑하느냐?

이 질문을 들었을 때 베드로는 온몸이 식은땀으로 젖어 버렸을지도 모릅니다. 주님은 십자가에서 죽기까지 자신을 사랑하셨는데, 주님에 대한 자신의 사랑은 죽음의 위협 앞에서 너무도 허망하게 깨어졌기 때문입니다. 베드로에게는 그런 사랑이 없습니다. 사실, 이전의 베드로는 주님에 대한 자신의 사랑이 아가페에 가깝다고 생각했습니다. 그래서 목숨까지 바치겠다고 장담한 것입니다. 하지만 그는 가야바의 법정에서 자신의 사랑이 얼마나 연약한 것인지를 확인했습니다. 그런데도 베드로는 예수님의 질문에 그렇다고 대답합니다.

주님, 그렇습니다. 내가 주님을 사랑하는 줄을 주님이 아십니다. (15절)

원문을 보지 않고는 이 대답에 숨어 있는 정서를 감지할 수 없습니다. 헬라어로 예수님은 "아가페이스 메?"라고 물으셨는데, 베드로는 "필로 세"$^{philo\ se}$라고 답합니다. 헬라어 '필리아'^{philia}는 형제간이나 친구 간의 우정과 같은 인간적인 사랑을 의미합니다. 깨어지기 쉬운 인간적인 사랑 말입니다. 그러니까 베드로는 이렇게 답한 셈입니다.

제게는 그런 사랑이 없습니다. 저는 주님이 저를 사랑하신 것처럼 주님을 사랑하지 못합니다. 그것을 주님이 아십니다.

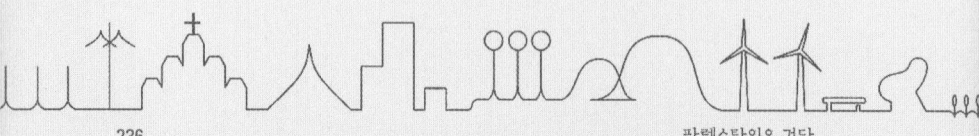

팔레스타인을 걷다

이렇게 대답하는 베드로의 마음은 떨렸을 것입니다. 자신의 대답이 주님을 실망시켰을 것이라고 짐작했을 것입니다. '너는 아직 그 정도밖에 안 되느냐? 왜 이리도 못 났느냐?'라고 꾸중하실 것만 같았습니다. 그런데 주님은 부드러운 눈길로 베드로의 떨리는 눈동자를 보고 말씀하십니다. "내 어린 양을 먹여라."

이 말씀을 듣고 베드로는 눈물을 왈칵 쏟았을지도 모릅니다. 그렇게 참혹하게 실패한 자신을, 그리고 지금도 여전히 사랑이 부족한 자신을 믿고 일을 맡기시겠다는 겁니다. 그 따뜻한 말 한마디에 얼어붙었던 베드로의 마음이 녹기 시작했을 것입니다. 주님은 두 번 더 그의 사랑을 확인하고 그에게 양들을 돌보라고 부탁하십니다. 여기서 의미심장한 점은, 세 번째로 물으실 때 "필레이스 메?"*phileis me*라고 말을 바꾸셨다는 사실입니다. 현재 지닌 깨어지기 쉬운 사랑을 가지고 다시 시작하라는 뜻입니다. 그렇게 할 때, 그 사랑은 자라나 결국 주님과 같은 큰 사랑에 이를 수 있기 때문입니다.

주님은 베드로에게 사랑을 확인하십니다. "내가 너를 사랑한 것처럼 너는 나를 사랑하느냐?"는 질문은 '네가 내 사랑을 아느냐?'는 질문과 같습니다. 진정한 사랑은 먼저 받지 않고는 알 수도 없고 행할 수도 없습니다. 주님은 베드로를 첫사랑의 장소로 다시 불러 십자가에서 드러난 그분의 사랑을 확인시켜 주십니다. 그가 가야바 법정에서 예수님을 부인한 이유는 예수님의 사랑을 다 알지 못했기 때

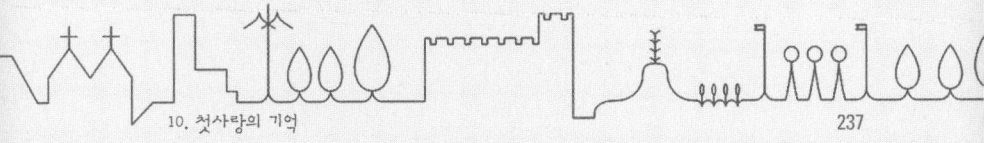

문입니다. 그때는 아직 주님의 사랑이 십자가에서 완전하고도 분명하게 드러나기 이전이니 그 사랑을 다 알 수 없었습니다. 이제 부활하신 주님은 베드로에게 십자가의 그 사랑을 확인시켜 주시면서 다시 시작하도록 격려하십니다.

'사람 낚는 어부'로 살아가기 위해 가장 필요한 것은 주님이 나를 얼마나 사랑하시는지를 아는 것이라는 사실이 여기서 잘 드러납니다. 그 사랑이 우리 안에 살아 있다면, 우리는 그 사랑 안에서 길을 찾고 그 사랑은 고갈되지 않는 능력의 원천이 될 것입니다. 뿐만 아니라, 하나님 나라를 위해 일하며 받는 모든 상처를 치유하는 약이 될 것이며, 모든 피로와 낙심에서 회복시키는 힘이 될 것입니다. 다른 것을 아무리 가지고 있어도 주님의 사랑에 대한 감격이 죽어 있다면, 낙심과 절망과 탈진과 낙오와 실패를 피할 수 없습니다. 그래서 주님은 베드로에게 사랑에 대해 물으신 것입니다.

사랑이 희망이다

갈릴리 호수 옆에 있는 가버나움에는 여러 기념 교회가 있습니다. 산상설교를 하신 곳에 세워졌다는 팔복 교회와 오병이어의 기적을 베푼 곳에 세워졌다는 '오병이어 교회'the Church of the Five Bread and Two Fish, 부활

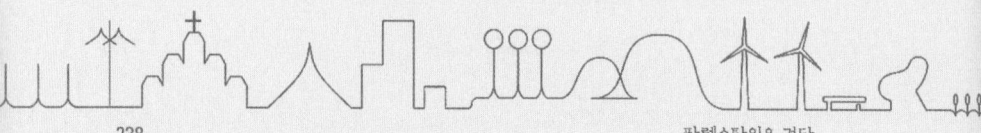

하신 주님이 제자들을 만난 곳에 세워졌다는 '베드로 수위권 교회' the Church of the Supremacy of St. Peter가 그것입니다. 가톨릭 교회에서는 베드로가 제자들 중 가장 높게 인정받았고 그 권위를 교황이 이어받았다 하여 베드로에게 수위권the Supremacy을 부여합니다. 그래서 그와 같은 교회 이름이 붙여졌습니다.

교회 제단 중앙에는 부활하신 주님이 아침 식사를 할 때 앉았던 바위가 있고 그 바위를 중심으로 제단이 만들어져 있습니다. 나는 많은 순례자들이 그 바위를 어루만지며 기도하는 모습을 보았습니다. 물론 장소와 관련된 정확한 역사적 신뢰성이 없지만 그 호숫가 어디에선가 그렇게 하신 것은 분명합니다. 그렇게 생각하니 쉽게 묵상에 젖어들 수 있었습니다.

우리 일행은 교회 앞에 있는 호숫가 모래밭에서 잠시 산책하고 묵상하는 시간을 가졌습니다. 따로 따로 앉아서 예수님과 베드로가 나눈 첫사랑의 기억을 회상했습니다. 나도 한 곳에 앉아 눈을 감고 주님이 베드로와 함께 걸으며 말씀하시는 장면을 상상해 보았습니다. 참담한 실패로 인해 좌절과 실망에 빠져 있던 베드로, 그 지치고 상한 심령을 격려하며 첫사랑을 회복시키는 주님의 인자한 눈빛을 상상했습니다.

바로 그때, 내게도 바로 그 사랑과 눈빛이 필요하다는 사실을 깨달았습니다. 주님이 베드로를 첫사랑의 장소로 부르셨듯이, 나를 첫

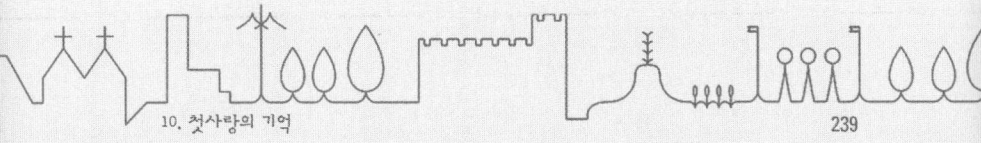

- 베드로 수위권 교회 앞 해변에 만들어진 하트 모양의 발판. 주님이 베드로와 나누신 사랑의 대화를 상징한다.

• 베드로 수위권 교회 앞에 있는 해변은 묵상하기에 가장 좋은 장소 중 하나다.

사랑의 장소로 데려오셨음을 깨달은 것입니다. 다른 사람은 나의 삶과 목회를 어떻게 평가할지 모르지만, 나 자신은 최근 들어 내가 이 일에 부적격자라는 느낌에 자주 사로잡혔습니다. 지금 섬기는 교회에서의 목회가 9년째에 접어들고 있는데, 처음에 가졌던 자신감은 다 사라져 버리고 앞으로 남은 시간 동안 어떻게 나아가야 할지 알 수 없어 착잡한 심정이었습니다. 몇 년의 시간이 남아 있는지는 모르지만 마지막 순간까지 잘 완주하고 싶은데, 그럴 만한 에너지가 내게 없는 것 같았고, 에너지가 있다 한들 무엇을 어떻게 해야 할지 도무지 알 수 없었습니다.

나는 그 자리에서 주님을 구했습니다. 베드로에게 그러셨던 것처럼, 나에게도 첫사랑을 회복시켜 달라고 기도했습니다. 주님에 대한 사랑이 아니고는 이 길을 계속 갈 수 없고, 내게 있는 사랑은 너무도 깨어지기 쉬운 것임을 잘 알았기 때문입니다. 십자가에서 드러난 그분의 사랑을 새롭게 체험하는 것밖에는 내 사랑을 고칠 방법이 없기 때문입니다. 나는 그 사랑을 달라고 기도했습니다. 내 첫사랑을 회복시켜 달라고 기도했습니다. 사랑 없이는 희망이 없기 때문입니다.

사랑의 체험

얼마 전 우리 교회 교우 중 한 분에게서 주님의 사랑을 체험한 이야기를 들었습니다. 그분의 허락을 받고 그 이야기를 나눕니다.

그분은 매사에 모범생으로 살아왔고, 열심히 하면 무엇이든 이루었기에 신앙생활에 있어서도 열심히 하기만 하면 된다고 생각했습니다. 그래서 경건의 시간이나 성경공부, 교회 봉사 등에 열심을 다했고 그러면 믿음이 성장하리라 믿었습니다. 하지만 그런 열심과 노력을 비웃기라도 하듯, 기도할 때마다 마치 바깥에서 문을 열심히 두드리다 마는 것 같은 답답함을 느꼈습니다.

삼십대 중반에 주님을 영접한 후 십여 년 동안 주님의 인도를 여러 방면으로 경험하며 살아온 그였지만, 뭔가 근본적인 문제가 해결되지 않은 듯한 느낌이 그를 괴롭혔습니다. 무엇보다, 십자가의 은혜가 마음에 와 닿지 않았습니다. 다음은 그분이 내게 보내 주신 영성 일기의 한 부분입니다.

지금까지 십자가 사랑은 내게 크게 다가오지 않고 그냥 문자적으로만 이해되었다. 아담과 하와의 원죄로 인해 우리가 죄인이라는 말씀도 크게 다가오지 않았고, 십자가 보혈이 내 죄를 사하기 위해 흘린 피라는 말씀도 은혜가 되지 않았다. 다만, 일반적으로 우리 인간들의 죄를 위해 존재하는 것이라고 이해하고 있었다. 나는 큰 죄인이 아니라고 생각했기 때문에 십자가를 묵상해도 진정한 은혜로 다가오지 않고 그저 배운 교리로만 이해되는 수준이었다.

그런데 요즘 내 안에 있는 죄들이 자꾸 보였다. 내가 그동안 깨닫지 못하고 이 정도는 죄도 아니라고 생각하던 것들이 아주 무거운 죄라는 생각이 들었다. 내가 점잖음과 친절과 선한 미소로 포장하고 위장해 왔던 나의 악한 본성들이 자꾸 보였다.…내 안에 이렇게 더러운 죄들이 쌓여 있는지 모르고, 나는 다른 사람보다는 가벼운 죄인이라고 생각하며 살았으니, 십자가 보혈이 큰 은혜가 되지 않았던 것이다.

이것은 한순간에 일어난 일이 아닙니다. 어느 날부터인가 자기 죄성

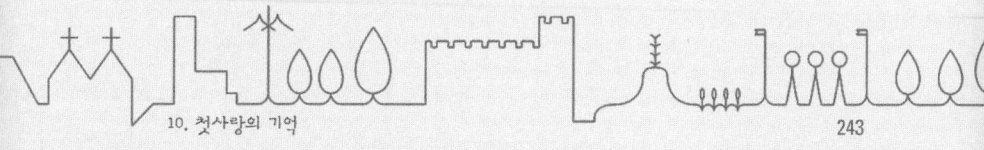

에 눈뜨게 되고 그 죄성의 무게가 점점 커진 것입니다. 그러던 어느 날 그분에게 사랑의 사건이 일어납니다. 일기를 계속 읽습니다.

> 새벽에 일어나면서 어제 제자반에서 불렀던 "정결한 영을 주시옵소서"라는 찬양이 떠올랐다. 새벽기도회에 나가서 기도하다가 눈을 들어 십자가를 바라보았다. 갑자기 나도 모르는 사이에 눈물 한 방울이 떨어졌다. 슬픈 기분도 아니었는데 왜 이럴까, 이 갑작스러운 눈물은 무엇일까 생각하고 있는데, 걷잡을 수 없이 눈물과 콧물이 흘러나왔고 "저는 죄인입니다. 저를 용서해 주세요"라는 기도가 입에서 계속 나왔다.…이제야 내가 죄인이라는 사실을 인정하고 고백하게 되었다. 오늘 아침 바라본 십자가가 이제는 일반적인 '우리의' 대속의 십자가가 아니라 '나의' 죄를 대속하신 보혈의 십자가로 느껴졌다.

예수를 믿는다는 것은 십자가에서 드러난 사랑을 체험하는 것이며, 그 사랑을 품고 그 사랑의 능력으로 사는 것이고, 그 사랑을 위해 사는 것입니다. 이 글을 읽는 분들 중에 아직도 이 사랑을 경험하지 못한 분이 계시다면, 이분과 같이 '나를 향한 사랑'을 경험하는 황홀한 순간이 주어지기를 바랍니다. 하지만 여러분 중에는 이와 같은 첫사랑의 기억을 가진 분들이 더 많을 것입니다. 그 사랑이 지금 어떤 상태에 있습니까? 당신의 마음은 아직 그 사랑으로 설레고 있습니까? 그 사랑 때문에 사랑의 수고를 기쁘게 감당하고 있습니까? 혹시나 선한 일을 하다가 낙심하여 베드로처럼 고기나 잡겠다고 뒤돌아서 있는 것은 아닙니까?

우리 모두에게 가장 필요한 것은 첫사랑을 회복하는 것입니다. 그 사랑이면 됩니다. 그 사랑만 우리 안에 살아 있으면, 우리의 목숨이 다하는 날까지 사랑의 수고를 마다하지 않고 살아갈 수 있습니다. 그 첫사랑을 회복하기 위해 우리의 갈릴리로 돌아가야 합니다. 그리고 기도해야 합니다. 그러면 주님이 우리를 만나 주시고 사랑을 회복시켜 주실 것입니다. 그 사랑으로, 우리의 숨이 다하도록 뜨겁게 사랑하며 살 수 있을 것입니다.

사랑의 주님,
십자가에서 드러난 그 사랑을
알기 원합니다.
그 사랑으로 살기 원합니다.
그 사랑을 위해 살고 싶습니다.
저희를 갈릴리로 불러 주시어
그 따뜻한 눈빛을 보게 하시고
그 사랑의 음성을 듣게 하소서.
아멘.

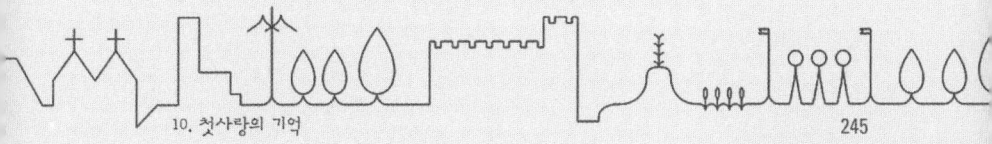

묵상을 위한 질문

1. 당신에게는 주님과의 첫사랑의 기억이 있습니까? 잠시 지난날을 돌아보십시오. 주님의 사랑을 어떻게 경험했습니까?
2. 아직 십자가의 사랑을 체험하지 못했습니까? 그 사랑의 체험을 지속적으로 사모하고 구하십시오.
3. 첫사랑의 기억을 가지고 있습니까? 그 사랑이 늘 살아 있도록 기도하십시오. 그 사랑이 이끄는 대로 사랑의 수고를 감당하십시오.

성지순례 가이드

성지순례의 여정에 오른 것을 환영합니다. 이번 성지순례가 당신의 인생 여정에서 가장 중요한 전환점이 되기를 기도합니다. 이번의 순례 여행이 그 같은 영적 사건이 되도록 하기 위해 다음과 같은 제안을 드립니다.

1. 순례를 순례 되게 하십시오

성지순례는 '관광' 혹은 '여행'과 다릅니다. 팔레스타인 땅을 다니면서도 관광이나 여행을 할 수도 있고, 남극을 다니면서도 성지순례를 할 수 있습니다. '성지순례'는 어떤 곳을 다니느냐에 의해 결정되는 것이 아니라, 어떤 목적으로 다니느냐에 의해 결정됩니다. 성지순례

● 이 글은 성지순례를 계획하고 있는 이들을 위해 쓴 것입니다.

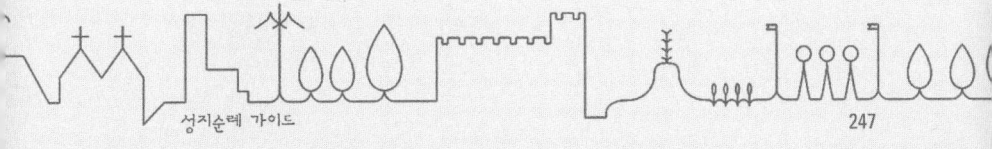

는 적어도 세 가지의 목적을 가집니다.

첫째, 하나님을 새롭게 만나는 것입니다. 하나님은 우리의 이성과 감성으로 다 알 수 없는 크고 위대하신 분입니다. 믿음이 성장한다는 말은 하나님에 대해 더 많이 알아간다는 뜻입니다. 하나님을 '안다'는 말은 체험적으로 아는 것을 말합니다. 이번 순례를 통해 성부, 성자, 성령 삼위의 하나님을 새롭게 만나시기 바랍니다.

둘째, 자신을 새롭게 보는 것입니다. 세상살이에 휘둘리기 쉬운 우리는 자신을 쉽게 잊고 살아갑니다. 자신이 누구인지도, 무엇을 위해 사는지도 알지 못합니다. 그렇게 좌충우돌하다 끝나는 것이 대다수의 인생입니다. 그런 점에서 성지순례는 나를 찾고 생각하는 여정입니다.

셋째, 세상을 새롭게 보는 것입니다. 우리는 경험으로만 세상을 압니다. 그렇기 때문에 우리가 경험한 세상이 전부인 줄 착각하고 살아갑니다. 성지순례는 알지 못했던 세계를 보게 하여 '세계관'을 바꾸어 줍니다. 세계관이 바뀌면 인생관이 바뀌게 되어 있습니다.

순례 여정에서 적어도 이 세 가지 주제를 늘 생각하십시오. 새로운 장소에 이를 때마다 이 세 가지 질문을 스스로에게 던지고, 또 생각하며 기도하십시오.

2. 묵상하십시오

성지순례가 오래도록 기억되고 또한 오래 지속될 변화를 만들어 내

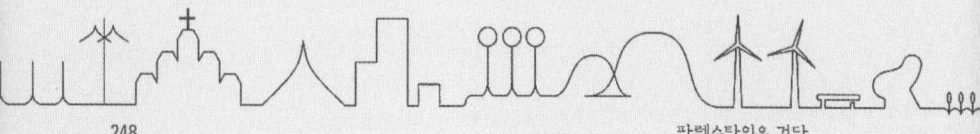

게 하려면, 반드시 묵상이 있어야 합니다. 위에서 제시한 세 가지 질문을 가지고 깊이 생각하십시오. '묵상'은 하나님 앞에서 생각하는 것입니다. 스스로 질문하고 대답하는 것입니다. 묵상이 없으면 관광이 되고 맙니다.

3. 일기를 쓰십시오

일정 중에 부지런히 노트하십시오. 그리고 하루 일정을 마무리하며 꼭 일기를 쓰십시오. 성지순례의 성격상 여러 지역을 방문하게 되고 또한 많은 이야기를 듣게 됩니다. 그것을 그대로 두면 다 잊고 맙니다. 또한 묵상 중에 얻은 지혜와 영감도 다 사라져 버립니다. 그러므로 하루 일정을 마치고 숙소에 들어오면 꼭 일기를 써서 그날의 일정과 얻은 영감들을 적어 두십시오.

4. 동행들에게 친절하십시오

다른 이들에게 은총의 도구가 되도록 힘쓰십시오. 누군가와 순례 여정에 함께 오른 것은 하나님의 섭리이며 계획입니다. 순례 여정에서 좋은 사람을 만나고 또한 다른 사람의 인생 이야기를 듣는 것도 매우 중요한 일입니다. 따라서 마음의 일부를 동행들에게 할애하십시오. 할 수 있는 대로 친절하게 행동하고, 서로 배려하고, 어떤 경우에도 화를 내거나 언성을 높이지 마십시오. 진실하게 서로를 대하고

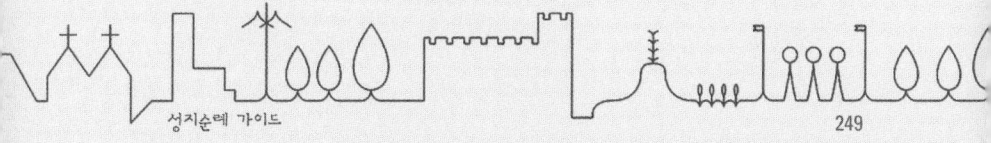

이야기를 귀담아들어 주십시오. 특히 약한 사람들에 대한 배려를 잊지 마십시오.

5. 낯선 이웃을 선대하십시오

성지순례 때 만나게 되는 낯선 이웃들은 대부분 무슬림이거나 유대교인입니다. 그들은 순례 여정에 오른 사람들이 그리스도인이라는 사실을 잘 알고 있습니다. 그러므로 낯선 이들에게 최선을 다하여 당신 안에 있는 그리스도가 드러나도록 하십시오. 팁을 주는 것에 인색하지 말고, 따뜻한 말과 친절한 눈빛을 아끼지 마십시오. 그것이 간접 선교입니다.

6. 그 땅을 품으십시오

당신이 밟는 땅은 이 세상에서 복음이 들어가기가 가장 어려운 땅입니다. 그 땅을 밟으며 배우려고만 하지 말고, 그 땅을 위해 기도하십시오. 그 땅을 위해 헌신하는 선교사들을 위해 기도하시고, 소수의 남은 자들을 위해 기도하십시오. 하나님 나라가 그 땅에 임하도록 기도하며 순례하시기 바랍니다.

부디, 복되고 영감 깊은 순례 여정이 되기를 기도합니다.

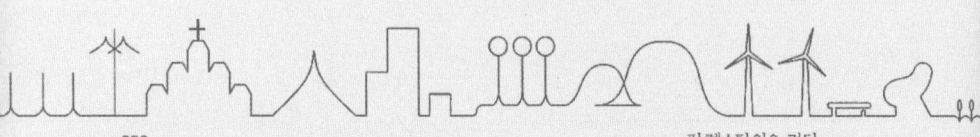

순례길에 쓴 시들

광야에 선다

광야에 선다.
광야는 나를
무장해제시킨다.
내가 가진 직함을
나의 이력을
나의 업적을
나의 이름을
광야는 부정한다.
그냥
나로서 서라 한다.

광야에 선다.
광야는 나에게 묻는다.
네가 누구냐?

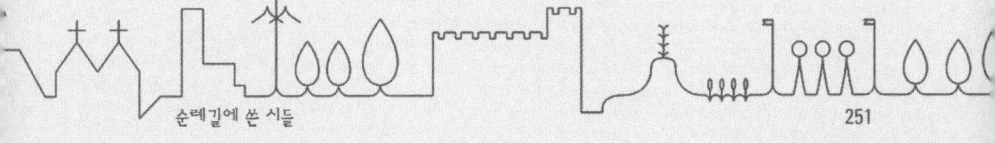

나는

말문이 막혀

망연히 서 있다.

나를 규정했던 모든 것을

부정당하고 보니

내가 누구인지

대답할 수가 없다.

한참을 생각해도

알 수가 없다.

광야에 선다.

광야는 나에게 말한다.

너의 지금 그대로가

너라고.

더하지도 말고

빼지도 말고

지금 그대로가

너라고.

그러니

너로만 살라 한다.

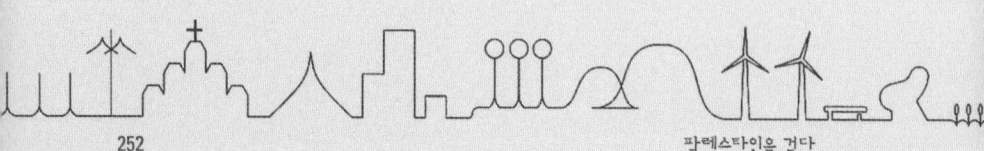

광야에 선다.
광야는 나를
자유롭게 한다.
존재가 깃털처럼
가벼워진다.
팔을 흔들면
날아갈 것 같다.
아무것도
바랄 것이 없다.
세상을 다
가진 것 같다.

광야에 선다.
생명이 없는 이 땅이
나에게는 생명이다.

낙타

너의 눈빛은

하늘을 닮았다.

맑고 평화롭다.

친절하고 자비롭다.

네 눈을 보고 있으면

내 얼굴에

미소가 번진다.

너의 몸짓은

태산을 닮았다.

서두름이 없고

억지가 없다.

사막을 걷는 너의 걸음은

아름다운 춤이다.

느려 보이지만

그 걸음만이

사막을 지난다.

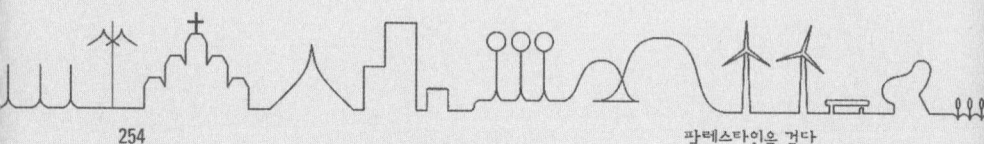

너를 보면서
나의 조급함을 본다.
가벼움을 본다.
불안과 염려를 본다.
좁은 시야와
종종걸음을 본다.

아,
내가 지나야 할 사막이
앞에 있는데,
내 걸음으로는
내 몸짓으로는
내 마음으로는
지날 수가 없다.

예루살렘

우주의 배꼽

시간의 원점

좌표의 중심

그곳에 발을 딛고 서서

눈을 감는다.

시간이 멈춘다.

모든 존재가 입을 다문다.

태초의 고요함이

나를 감싼다.

아무것도 없다.

아무것도 필요없다.

이거면 됐다.

문득

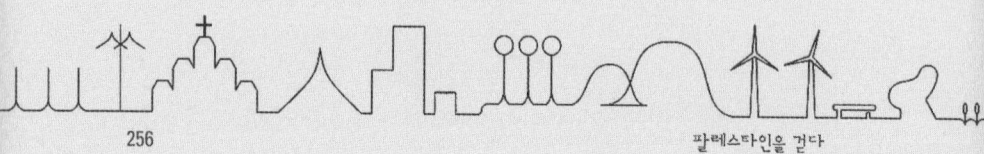

정적을 깨며

내면에서 음성이 들린다.

고요하기에

더욱 선명하게 들리는.

너는 누구냐?

네가 어디에 있느냐?

너는 무엇 하고 있느냐?

접니다, 주님!

제가 여기,

주님 앞에 있습니다.

고향 떠난

방랑자처럼 살다가

주님 품을 찾아

여기 왔습니다.

제가 누구인지,

제가 어디에 있어야 하는지,

제가 무엇을 해야 하는지,

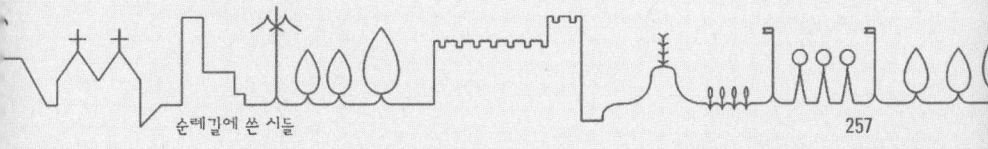

알고 싶어서 왔습니다.

이렇게 말씀드리고
입을 다물고
다시 귀 기울여
음성을 기다린다.

더 이상 음성은 없다.
다만,
든든한 평화가 마음을 채운다.
그것이 내겐
충분한 응답이다.

오, 감사!
오, 찬미!
아멘!

통곡의 벽

그건
성벽이 아니다.
귀다.
하나님의
귀다.

매일같이
수많은 사람들이
수많은 언어로 드리는 기도를
들어 온,
마지막 날까지 들으실
하나님의 귀다.

벌레에 다가가듯
조심스럽게 다가가
하나님의 귀에
손을 댄다.

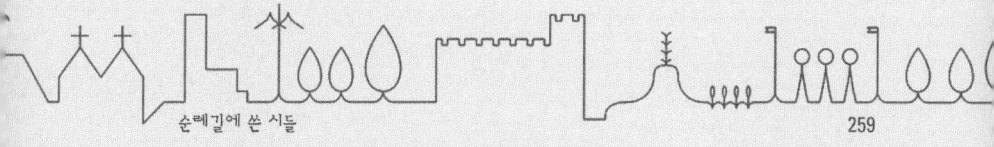

볼을 대고
입을 댄다.

하나님의 온기가
나를 감싼다.
입을 다물고
손과 볼과 입을 통해 전해 오는
그분의 온기를
즐긴다.

내 안에 있던
슬픔이
한숨이
통곡이
온데간데없다.

눈 감고 보니,
나밖에 없다.
아니.
나는 없고

오직 하나님뿐이다.

오!

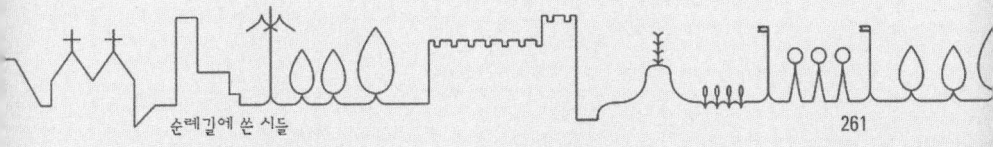

기도

주님,

저의 지식이

저의 이성이

저의 논리가

저의 철학이

저의 사상이

저의 신념이

저의 감정이

저의 정서가

저의 혈기가

저의 의지가

저의 입장이

저의 견해가

저의 묵상이

저의 망상이

……

주님의 피로

씻기게 하시고

적셔지게 하소서.

그것이면

되겠습니다.

그러면

살겠습니다.

아멘.

팔레스타인을 걷다

초판 발행_ 2014년 6월 12일
초판 2쇄_ 2014년 6월 16일

지은이_ 김영봉
펴낸이_ 신현기

발행처_ 한국기독학생회출판부
등록번호_ 제313-2001-198호(1978.6.1)
주소_ 121-838 서울 마포구 동교로 156-10
대표 전화_ (02)337-2257 팩스_ (02)337-2258
영업 전화_ (02)338-2282 팩스_ 080-915-1515
직영서점 산책_ (02)3141-5321
홈페이지_ http://www.ivp.co.kr 이메일_ ivp@ivp.co.kr
ISBN 978-89-328-1349-3

ⓒ 한국기독학생회출판부 2014

책값은 뒤표지에 있습니다.
무단 전재와 복제를 금합니다.